„Lebenspendende Sonne,
du kannst wohl nichts Größeres erblicken
als die Stadt Rom."

Horaz, Carmen saeculare 9, 11 f.

„So viele Sterne der Himmel,
so viele Mädchen hat dein Rom."

Ovid, Liebeskunst

„Rom ist eine Welt, und man braucht Jahre,
um sich nur erst drinnen gewahr zu werden."

Johann W. von Goethe, Italienische Reise

Liebe Leserinnen und Leser,

mit ‚Rom erleben' haltet ihr die Neuauflage unseres Reiseführers für Jugendliche, Jugendgruppen und Familien in der Hand.

Diesmal erscheint er im praktischen DIN A5 Hochformat. Die Touren und Informationen zu den Sehenswürdigkeiten haben wir jedoch im Querformat angelegt, da das Kartenmaterial für die meisten Touren im Querformat angelegt ist.

Durch diese Drucklegung ist es uns möglich, euch alle Informationen kompakt in die Hand zu geben. Bei der Vorbereitung habt ihr auf einer DIN A4 Seite alle wichtigen Infos auf einen Blick und unterwegs habt ihr detailliertes Kartenmaterial für jede Tour dabei und braucht für die Informationen das Buch nur einmal zu drehen.

Seit der ersten Auflage hat sich in Rom viel getan: Natürlich befinden sich die angestammten Sehenswürdigkeiten noch an ihren Plätzen, aber durch die Zunahme der Touristen werden heute an den Hotspots Timeslots für Besichtigungen vergeben, die Zahl der Personen pro Gruppen ist beschränkt und oftmals ist der Einsatz von Funkführungssystem Vorschrift.

Selbstverständlich bieten eine Vielzahl an Dienstleistern Tickets ohne Warteschlangen und Führungen an, die Preisgestaltung ist jedoch oft sehr zweifelhaft.

In den gelben Infokästen findet ihr daher hilfreiche Informationen und Links den Homepages der Betreiber der Sehenswürdigkeiten mit Infos zu aktuellen Öffnungszeiten sowie zum Kauf von Eintrittskarten und der Buchung von Timeslots.

Alle Informationen spiegeln den Stand von Januar 2024 wider.

Inhalt

Erlebnistouren
Geschichte & Geschichten

Das alte Rom

Ein wenig Fantasie braucht man schon bei dieser Führung durch einige hundert Jahre römischer Geschichte. Der Zahn der Zeit und die Hände der Plünderer aber auch die Baumeister späterer Epochen haben von vielen Gebäuden nur Ruinen zurück gelassen. Machen wir uns auf, eine mehr als 2000 Jahre vergangene Zeit zum Leben zu erwecken.

Start/Ende: Colosseo

Anreise: Metro B bis Haltestelle ‚Colosseo' oder Tram Linie 3

Dauer: 2-3 Stunden

Eintritt:
Es gibt nur noch ein Kombiticket für alle drei historischen Stätten (Palatin, Forum Romanum, Kolosseum, Kaiserforen). Das Ticket ist 24 Stunden gültig. Am 1. Sonntag im Monat ist der Zugang kostenlos.

EU-Bürger unter 18 Jahren kostenlos
Erwachsene 18 - 25 Jahre: 4,00 €.
Erwachsene ab 26 Jahre: 18,00€

Um den Warteschlangen zu entgehen, empfiehlt es sich, vorher online Tickets zu kaufen und als Gruppe einen Timeslot zu buchen. Die Buchung ist jedoch nur einen Monat im voraus möglich.

https://colosseo.it/en/opening-times-and-tickets/

Als Gruppe hat man bei der Buchung des Timeslots beim Forum Romanum die Wahl zwischen 2 Eingängen. Sollte der eine bereits ausgebucht sein, probiert den anderen. Am Tag der Besichtigung solltet ihr spätestens 15 min vor eurem Timeslot am Eingang sein.

Achtung! Es gibt Sicherheitskontrollen!

Öffnungszeiten :

- Kolosseum ab 8:30
- Forum Romanum & Palatin ab 9:00

Schließzeiten
Die Schließzeiten wechseln jedes Jahr. Die hier aufgeführten Zeiten sind grobe Richtwerte:

- Januar-Februar 16:30
- März 17:30
- 15. April 13:00
- April - August 19:15
- September 19:00
- Oktober 18:30
- November - Dezember 16:30
- Geschlossen 01.01. und 25.12.

Alternative antike Stätten:
Caracalla Therme S. 76 | Ostia Antica S. 99

Weg zum Forum Romanum

Auf dem Weg von der Metro zum Eingang geht man zunächst am Konstantinsbogen vorbei. Er ist der größte aller Triumphbögen in Rom und wurde zu Ehren Kaiser Konstantins errichtet.

Früher gab es quasi für jeden erfolgreichen Feldherrn einen Triumphbogen. Zu Konstantins Zeiten hatte man allerdings schon so viele in Rom aufgestellt, dass nur noch die Kaiser einen bekamen. Er wurde bereits 312 begonnen, am 25. Juli 315 eingeweiht, ist 21 Meter hoch, 25,7 Meter breit und hat eine Durchgangstiefe von über 7 Metern. An den frontalen Seiten sehen wir je vier Säulen. Sie tragen Reliefs von Siegesgöttinnen, Soldaten und gefangenen Barbaren. Es finden sich allerdings auch „aufbereitete und überarbeitete", also quasi „recycelte" Reliefs früherer Kaiser im Konstantinsbogen. Sie stammen

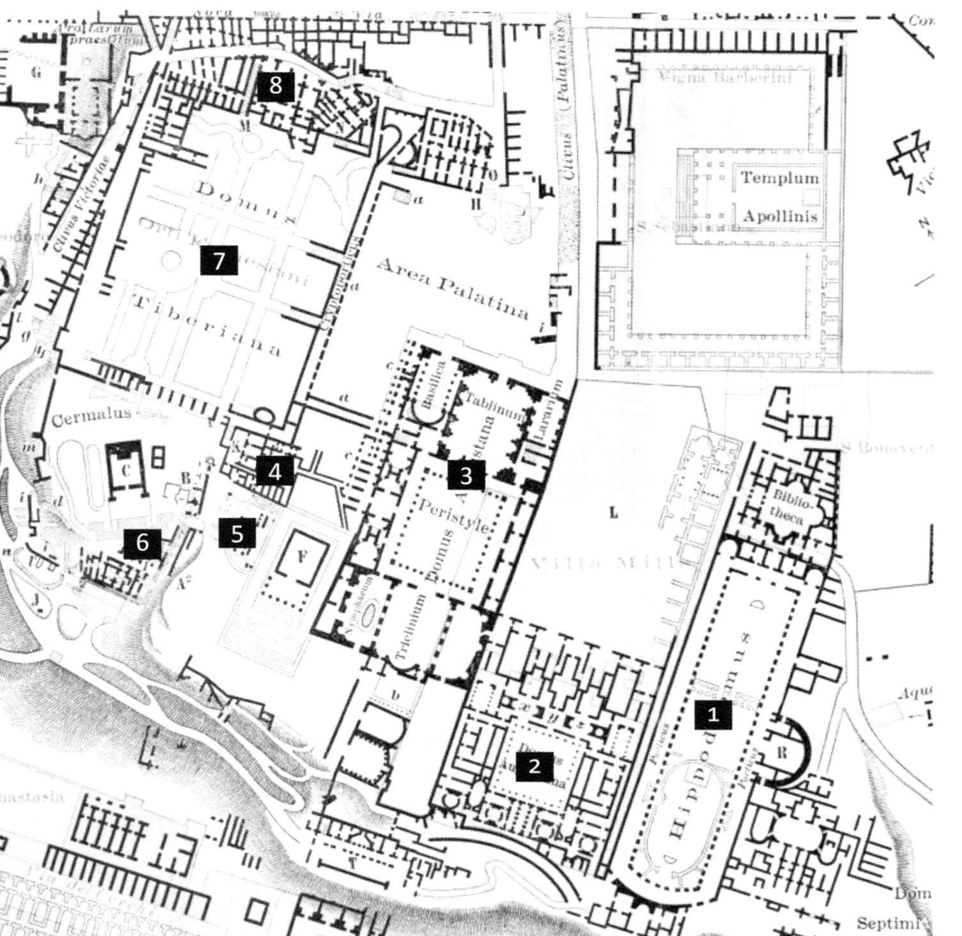

aus den Regierungsjahren der Kaiser Trajan (98–117), Hadrian (117–138) und Marcus Aurelius (161–180). Vielleicht mussten die Römer ja sparen ...

Der Palatin (Monte Palatino)

Wir gehen zunächst zum Palatin hinauf, einem der sieben Hügel Roms (siehe S. 62). Früher konnte man vom Forum direkt zum Palatin hochsteigen (was logischer wäre). Wir müssen aber heute sozusagen beim kaiserlichen Rom beginnen.

Wenn ihr auf der langen Schleife nach oben lauft, werft bei der Kehre einmal einen Blick nach links: Dort seht ihr, was vom Circus Maximus, der größten ‚Rennbahn' Roms, noch übrig geblieben ist. Gegenüber blickt ihr auf den Aventin, einen weiteren der sieben Hügel.

1 Stadion des Domitian

Das erste, was ihr oben seht, ist das Stadion des Domitian. Ob es dort jemals Spiele oder Rennen gegeben hat, wissen wir nicht. Es ist Teil eines riesigen Kaiserpalastes, den Kaiser Domitian (51 – 96) errichten ließ.

2 Domus Augustana

Gleich neben dem Stadion ist die Domus Augustana. Dies ist der zweite Teil des Gebäudekomplexes, den Domitian erbaut hat, der Name leitet sich vom Beinamen ‚Augustus' ab, den die römischen Kaiser führten und der soviel wie ‚hochheilig' bedeutet. Hier befanden sich die Privaträume des Kaisers.

3 Palast der Flavier

Der Palast der Flavier, die ‚Domus Flavia', befindet sich direkt daneben. Er diente den Amtsgeschäften des Kaisers und der Repräsentation.
Beim Gang durch die Ruinen kommen wir nun an den Überresten eines Brunnens vorbei. Dieser lag im Zentrum des Peristyl, der zentralen Säulenhalle römischer Villen. Die Säulen muss man sich heutzutage allerdings vorstellen. Dennoch vermittelt dieser Ziegelbau eine Vorstellung von der Größe des Palastes und dem handwerklichen Können seiner Erbauer. Leider ist die prächtige Ausstattung fast vollständig den Plünderungen der folgenden Jahrhunderte zum Opfer gefallen.

Am vorderen Rand des Palatins könnt ihr noch einmal einen Blick auf den Circus Maximus werfen. Schließt die Augen und stellt euch die Wagenrennen vor, die da unten stattfanden. Meist fuhren Sklaven die Wagen, denn die Rennen waren gefährlich kosteten viele das Leben. Man konnte allerdings auch seine Freiheit „erfahren" und sogar sehr reich werden.

4 Haus der Livia

Neben dem Komplex des kaiserlichen Palastes kommen wir jetzt an den Überresten des Hauses der Livia vorbei, der Frau von Kaiser Augustus. Der Kaiser kaufte ihr im Jahr 36 das Haus, in den Überresten könnt ihr noch antike Wandmalereien sehen - es ist allerdings nicht immer zugänglich.

5 Haus des ‚Kaiser Augustus'

Südlich des Hauses der Livia wurden Überreste eines weiteren Hauses entdeckt, das mit Mosaiken geschmückt war. Hier hat wohl tatsächlich der ‚Kaiser Augustus' gelebt. Den endgültigen Beleg dafür, dass es sich dabei um sein Haus gehandelt hat, brachten Ausgrabungen im Süden der Anlage, zwischen den Treppen und dem östlich gelegenen großen Tempel, der mittlerweile als Apollo-Tempel identifiziert wurde.

6 Haus des Romulus

Gleich daneben stehen Überreste sogenannter archaischer Hütten, also Hütten aus der Frühzeit Roms. Man vermutet, dass dort auch Romulus, einer der beiden sagenumwobenen Stadtgründer, in einer strohgedeckten Lehmhütte lebte, von der wir noch die Löcher der Stützpfosten des Daches erkennen können. Ob er dort jedoch wirklich lebte? Es ist wie so oft bei Mythen: Wir wissen es nicht.

7 Palast des Tiberius

Zu einer richtig ‚noblen' Wohngegend wurde der Palatin erst unter Augustus Nachfolgern. Der Palast des Tiberius dürfte ebenso wie der Palast des Domitian, den wir eben gesehen haben, ein gewaltiges

Gebäude gewesen sein. Außer einigen Außenmauern ist allerdings nichts mehr davon zu sehen.

Wenn ihr zum Garten bzw. dem Palast des Tiberius vorgeht, seht ihr links die Reste des Cripto Portico, eines Ganges von Livias Haus bis zum Forum. Man kann noch einige Bodenmosaike in dem ca. 150 Meter langen Ganges erkennen.

8 Aussichtsplattform

Bevor wir zum Forum hinuntergehen, solltet ihr unbedingt auf die Aussichtsplattform gehen. Dort gewinnt man einen guten Eindruck, wie groß das Forum war.

Es ist schwierig, sich das Forum Romanum so vorzustellen, wie es einmal aussah. Einmal davon abgesehen, dass es schon zu Zeiten des antiken Roms mehrfach umgebaut wurde, sind die wenigen Überreste eher verwirrend. Werft einen Blick auf den folgenden Plan und versucht, die Häuser zu identifizieren.

Wenn ihr nach rechts schaut, seht ihr die Maxentius Basilica mit den runden Bögen. Links daneben stand das Haus der Vestalinnen.

Ganz links sieht man die Überreste von zwei weiteren großen Hallen: vorne die Basilica Julia, hinten die Basilica Aemilia.

Gleich ein Wort zu ‚Basilica‘:

Im alten Rom waren das keine Bischofskirchen, sondern Räume, in denen Ausschüsse tagten, Anwälte ihrem Beruf nachgingen und sich jede Menge Rumtreiber mit Spiel und Spaß die Zeit vertrieben.

Jetzt gehen wir weiter über die Treppen hinunter zum Forum Romanum.

Forum Romanum

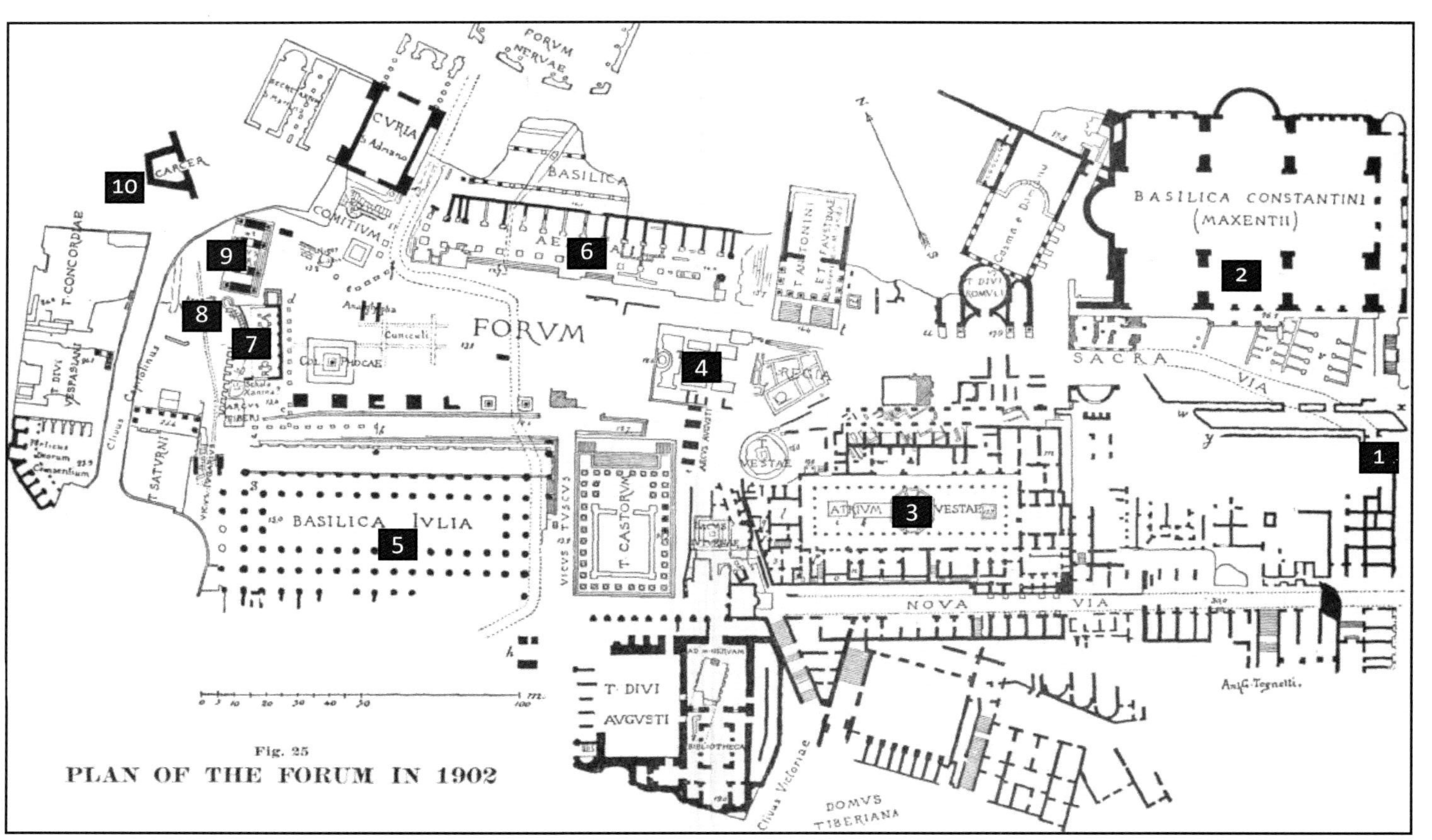

Fig. 25
PLAN OF THE FORUM IN 1902

1 Titus Bogen

Wenn man, wie wir, vom Palatin herkommt, geht man zunächst am Titus Bogen vorbei, der auch das Vorbild für den Arc de Triomphe in Paris war. Er wurde zu Ehren von Kaiser Titus im Jahr 81 n. Chr. errichtet. Titus hatte 70 n. Chr. einen Feldzug gegen die Juden in Palästina erfolgreich beendet, dafür bekam er einen Triumphzug und nach seinem Tod diesen Bogen. In diesem Feldzug wurde auch der sogenannte 2. Tempel in Jerusalem zerstört und die Juden lebten viele Jahrhunderte über die Erde verstreut. Als am 14. Mai 1948 der Staat Israel ausgerufen wurde, feierte hier die Jüdische Gemeinde Roms.

Auf dem Bogen seht ihr Szenen aus dem Feldzug, der siebenarmige Leuchter steht dabei immer wieder als Symbol für die von den Juden geraubten Schätze.

2 Basilica Maxentia

Wir gehen jetzt in die Via Sacra, die ‚heilige Straße' im alten Rom. Auf ihr gelangte man nicht nur zu allen wichtigen Tempeln, auch die Triumphzüge nahmen diesen Weg. Wir gehen zunächst rechts zu der Ruine der Basilica Maxentia, die wir schon von oben gesehen haben.

In der Antike war sie der größte überdachte Saal Roms. Die Bögen, die ihr noch seht, sind 24 Meter hoch, die Kuppel war noch etwa 16 Meter höher. Die Grundfläche der Basilica betrug 100 x 65 Meter.

Innen befand sich eine Statue Kaiser Konstantins. Die Statue bestand aus Marmor, das Gewand des Kaisers soll aus Goldblech gewesen sein. Der Legende nach soll Konstantin der Figur später ein Kreuz, in dessen Namen er den Sieg über seinen Rivalen Maxentius an der Milvischen Brücke errungen hatte, in die Hand gegeben haben. Wenn die Legende stimmt, wäre es das erste christliche Kreuz in einer römischen Basilica gewesen.

3 Haus der Vestalinnen

Wir gehen nun auf die Via Sacra zurück und sehen links das Haus der Vestalinnen - oder was davon übrig ist. Es stehen wirklich nur noch ein paar Mauern und es bedarf einiger Fantasie, um sich vorzustellen, dass hier die Priesterinnen des heiligen Feuers ihren Dienst versahen. Nur Mädchen aus den vornehmsten Familien wurden dafür ausgewählt. Ähnlich wie im christlichen Glauben eine Nonne mit Jesus, wurden sie für dreißig Jahre mit dem Gott Mars vermählt. Während dieser Zeit durften sie nicht heiraten und natürlich auch keine Kinder bekommen. Ihre wichtigste Aufgabe war, das „heilige Feuer" im Vesta Tempel zu hüten, das den Römern als Zeichen für den Fortbestand des Staates galt. Am Neujahrstag, im alten Rom war das der 1. März, löschten die Römer in ihren Häusern das Feuer und holten sich ein Neues vom „heiligen" Feuer der Vestalinnen.

4 Caesartempel

Der Weg führt uns nun am Augustusbogen und am Caesartempel vorbei. Gegenüber seht ihr noch die runden Grundmauern des Vesta Tempels.

Der Caesartempel steht an der Stelle, wo Caesar ermordet wurde. Dieselben Leute, die ihn umbrachten, errichteten später an dieser Stelle den „Tempel des göttlichen Caesar“ und machten ihn damit zum Gott. Er war der erste Römer, dem diese „Ehre“ zu Teil wurde.

Vorbei am Castor und Pollux Tempel - das sind die Säulen auf der linken Seite - gehen wir jetzt ins Zentrum des politischen Geschehens im alten Rom.

5 Basilica Julia

Die vielen Säulenstümpfe auf der linken Seite gehören zur Basilica Julia. Sie war die größte Gerichtshalle Roms, und wer auf der Schule Latein hat, wird sicher irgendwann einmal die Reden Ciceros gegen Verres oder Catilina lesen - sie wurden in diesem Gebäude gehalten.

Diese Basilica war 101 Meter lang und 49 Meter breit, also fast so groß wie ein Fußballfeld. Wer die verbliebenen Treppenstufen genauer anschaut, kann dort noch die Spuren eingeritzter Spielfelder erkennen, mit denen man sich vor 2000 Jahren die Zeit vertrieb.

6 Basilica Aemilia

Wenn ihr euch umdreht, seht ihr die Basilica Aemilia. Sie wurde 179 v. Chr. errichtet und ist als einzige der vier großen Basiliken aus der Zeit der Republik heute noch erhalten. Sie galt in der Antike als eines der schönsten Gebäude überhaupt und war auch die Heimat der Geldwechsler. Schon in der Antike waren also die Banken nicht schlecht untergebracht.

7 Rostra

Wir folgen dem Weg und gelangen nun zur Rostra. Was im Bundestag das Rednerpult ist, war im alten Rom die Rostra: die Bühne für politische Redner oder diejenigen, die es noch werden wollten. Die Rostra war etwa 3 Meter hoch und 10 Meter lang. Sie war mit allerlei Säulen und Statuen dekoriert. Der Name leitet sich von „Rostrum“, das heißt Schiffsschnabel, her, die Konsul Gaius Maximus 338 v. Chr. hier anbringen ließ. Sie stammten von im Krieg erbeuteten Schiffen.

8 Umbilicus Urbis

Seitlich hinter der Rostra befindet sich ein kleines, rundes Fundament, das nur selten in Reiseführern erwähnt wird. Es ist der „Umbilicus Urbis“, also der „Nabel der Stadt“. Später sah man in ihm auch den Mittelpunkt des Imperiums und damit der Welt. Man glaubte, dass dieser Ort ein „Mundus“ sei, also eine Stelle, an der sich Oberwelt und Unterwelt berühren. Solche Orte waren als Opferstätten von großer mythisch-religiöser Bedeutung.

9 Bogen des Septimius Severus

Bevor wir das Forum verlassen, gehen wir - ja, noch ein Bogen - durch den Bogen des Septimius Severus und werfen noch einen Blick in die Curia (wenn sie offen ist). Hier tagte der Senat, auf den Stufen standen die Stühle der Senatoren, hier wurde ‚große‘ Politik gemacht.

Wir verlassen jetzt das Forum.

Exkurs

Bevor wir zum Kolosseum zurückgehen, haben wir die Möglichkeit zu einem kleinen Exkurs:

10 Kirche San Giuseppe dei Falegnami - mamertinische Kerker

Quasi um die Ecke, unter der kleinen Kirche San Giuseppe dei Falegnami, kann man gegen eine kleine Spende in ein düsteres, zur Kapelle umgestaltetes Loch hinuntersteigen. Hier war ein Teil der mamertinischen Kerker, in der Antike hießen sie allerdings noch Tullianum. Hier befand sich das römische Staatsgefängnis, in dem die Führer vieler Völker, beispielsweise Verticingetorix, der Führer der Gallier, ihren Tod fanden.

Es war auch das Gefängnis, in dem der Heilige Petrus auf seinen Tod wartete. Seinem Andenken ist die Kapelle San Pietro in Carcare gewidmet, in die der Kerker umgewandelt wurde. Während seines zweiten Aufenthalts in Rom wurde Petrus - so die Legende - während der Christenverfolgung unter Kaiser Nero während des großen Brandes verhaftet und ins Tullianum gebracht. Neben dem Altar kann man eine marmorne Säule sehen, an die der Apostel angekettet gewesen sein soll. Die Ketten werden in San Pietro in Vincoli aufbewahrt. Die sogenannte „Passio Lini", die Passionsgeschichte Petri, berichtet, Petrus habe seine beiden Wächter Processus und Martinianus bekehrt. Weil es ihm an Wasser zur Taufe mangelte, habe er aus dem steinernen Boden eine Quelle entspringen lassen. Nach ihrer Bekehrung verhalfen die Wächter - so die Passio Procesi et Martiniani - Petrus zur Flucht. Was dann geschah, erfahrt ihr auf der Erlebnistour zu den Katakomben (S. 69).

Zum Kolosseum gehen wir jetzt außen am Forum entlang zurück.

Das Kolosseum

Das Beeindruckendste am Kolosseum ist zweifelsohne seine Größe. Es ist 188 Meter lang und 156 Meter breit, es passen also etwa 4 Fußballfelder hinein. Mit einer Höhe von 57 Metern ist es zudem 6 Meter höher als die Münchner Allianz Arena.

Das Kolosseum wurde nach der Ermordung Kaiser Neros durch seinen Nachfolger Vespasian errichtet. Um es zu finanzieren, führte er unter anderem eine Toilettensteuer ein und kommentierte das mit dem noch heute beliebten Spruch ‚pecunia non olet' (Geld stinkt nicht).

Gladiatorenkämpfe

Für die Kaiser war es wichtig, den einfachen Leuten ‚panem et circenses', Brot und Spiele, zu bieten. Diese „Spiele" waren brutale Kämpfe zwischen Sklaven, Kriegsgefangenen, Verbrechern und wilden Tieren. Die Dimension dieser Spiele war unglaublich. Am Tag der Einweihung im Jahre 80 n. Chr. wurden mehrere hundert wilde Tiere abgeschlachtet.

Wenn ihr etwas nach oben klettert, erkennt ihr in der Mitte die Gänge und Räume, die früher unter einem sandbedeckten Holzboden verborgen waren. Hier waren Tiere und Menschen untergebracht, die sich bald darauf in der Arena gegenseitig töten sollten.

Erst im Jahr 404 n. Chr. wurden diese Kämpfe verboten. Danach benutzten die Römer das Kolosseum - wie viele andere historische Stätten - überwiegend als Steinbruch, um Material für neue Gebäude zu gewinnen. Erst Mitte des 18. Jahrhunderts verbot Papst Benedikt XIV den weiteren Raubbau und erklärte das Kolosseum zur Gedenkstätte für die in den Verfolgungen ermordeten Christen. Bis heute findet die römische Karfreitagsprozession im Kolosseum statt.

Start
1
2
3
4
Corso Vittorio Emanuele II
C.so Vittorio Emenuele/ Navona
Chiesa Nuova
Via Cerri
Via Sora
Vicolo Savelli
"parlante" di Pasquino
San Pantaleo
Palazzo Massimo "di Pirro"
Palazzo Incoronati de Planca
Via del Pellegrino
San Lorenzo in Damaso
Palazzo Ricci
Via di Monserrato
Via di Montoro
Via dei Cappellari
Palazzo Pichi
Corso Vittorio
Via dei Baullari
"Statua parlante" Abate Luigi
Via Giulia
Campo dei fiori
Palazzo Cisterna
San Girolamo della Carità
Piazza Farnese
Via dell'Armata
Via dei Farnesi
Ambasciata di Francia
Palazzo Falconieri
Lungotevere dei Tebaldi
Lavori in corso
194
Via del Mascherone
Capo di Ferro
Vicolo delle Grotte
Liceo Vittorio Colonna
Via del Monte della Farina
Via dei Giubbonari
del Melone
Valle

Centro Storico: Vom Campo dei Fiori zur Spanischen Treppe

Auf diesem Spaziergang bewegen wir uns durch das historische Zentrum Roms. Wir werfen einen Blick auf einige Palazzi, besuchen ein paar Kirchen und bestaunen Brunnen. Die Tour gliedert sich in drei Teile, die man an einem Tag nacheinander, aber auch an verschiedenen Tagen getrennt gehen kann.

Start: C.so Vittorio Emanuele/ Navona
Teil 1 bis Pasquino; Teil 2 bis Pantheon
Ende: Piazza di Spagna (Metro A)

Länge + Dauer der Tour: 3,6 km, ca. 3 Std.

Wir beginnen auf dem Campo dei Fiori, den man mit dem Bus von der Haltestelle Corso Vittorio Emanuele/ Navona oder der Piazza Venezia aus aber auch zu Fuß leicht erreichen kann.

1 Campo dei Fiori

Campo dei Fiori heißt übersetzt „Blumenfeld“. Heute ist es jedoch ein gepflasterter Platz, auf dem jeden Morgen ein Markt stattfindet. Neben Blumen, Obst und Gemüse kann man dort bei den Händlern auch Kleidung und manch anderen Krimskrams kaufen. Der Markt ist mehr eine Touristenattraktion als ein Einkaufsmarkt. Der Campo hat allerdings auch eine dunkle Seite: Die Statue in der Mitte des Platzes stellt den italienischen Priester, Dichter, Philosoph und Astronom Giordano Bruno dar, der hier 1668 bei lebendigem Leibe verbrannt wurde, weil er sich weigerte, seine Lehre, das Universum sei zeitlich und räumlich unendlich, zu widerrufen. Am 12. März 2000 erklärte Papst Johannes Paul II. nach Beratung mit dem päpstlichen Kulturrat und einer theologischen Kommission, die Hinrichtung sei aus kirchlicher Sicht als Unrecht zu betrachten.

Von dort aus gehen wir ein paar Schritte Richtung Tiber, denn in der Nähe des Marktes befinden sich einige schöne Palazzi, in denen früher die reichen römischen Familien residierten.

2 Palazzo Farnese

Zuerst werfen wir einen Blick auf den Palazzo der Adelsfamilie Farnese. Man kann ihn leider nur an bestimmten Tagen mit Voranmeldung besichtigen, da die französische Botschaft darin untergebracht ist. Die Römer nennen ihn respektlos ‚cubo‘, den Würfel. Bei seinem Bau wurden Steine aus dem Kolosseum und dem Marcellus-Theater verbaut. Wenn ihr euch die Fenster anseht, werden ihr feststellen, dass in jeder Fensterreihe unterschiedliche Fenster verbaut worden.

3 Palazzo Spada

Der Palazzo wurde im 17. Jahrhundert von Bernardino Kardinal Spada erworben. Er beherbergt heute den ‚Consiglio di Stato‘ (das höchste italienische Verwaltungsgericht). Öffentlich zugänglich sind der Innenhof und die Kunstgalerie im 1. Stockwerk. Am interessantesten ist jedoch die kleine architektonische Spielerei, die der berühmte Baumeister Carlo Borromini,

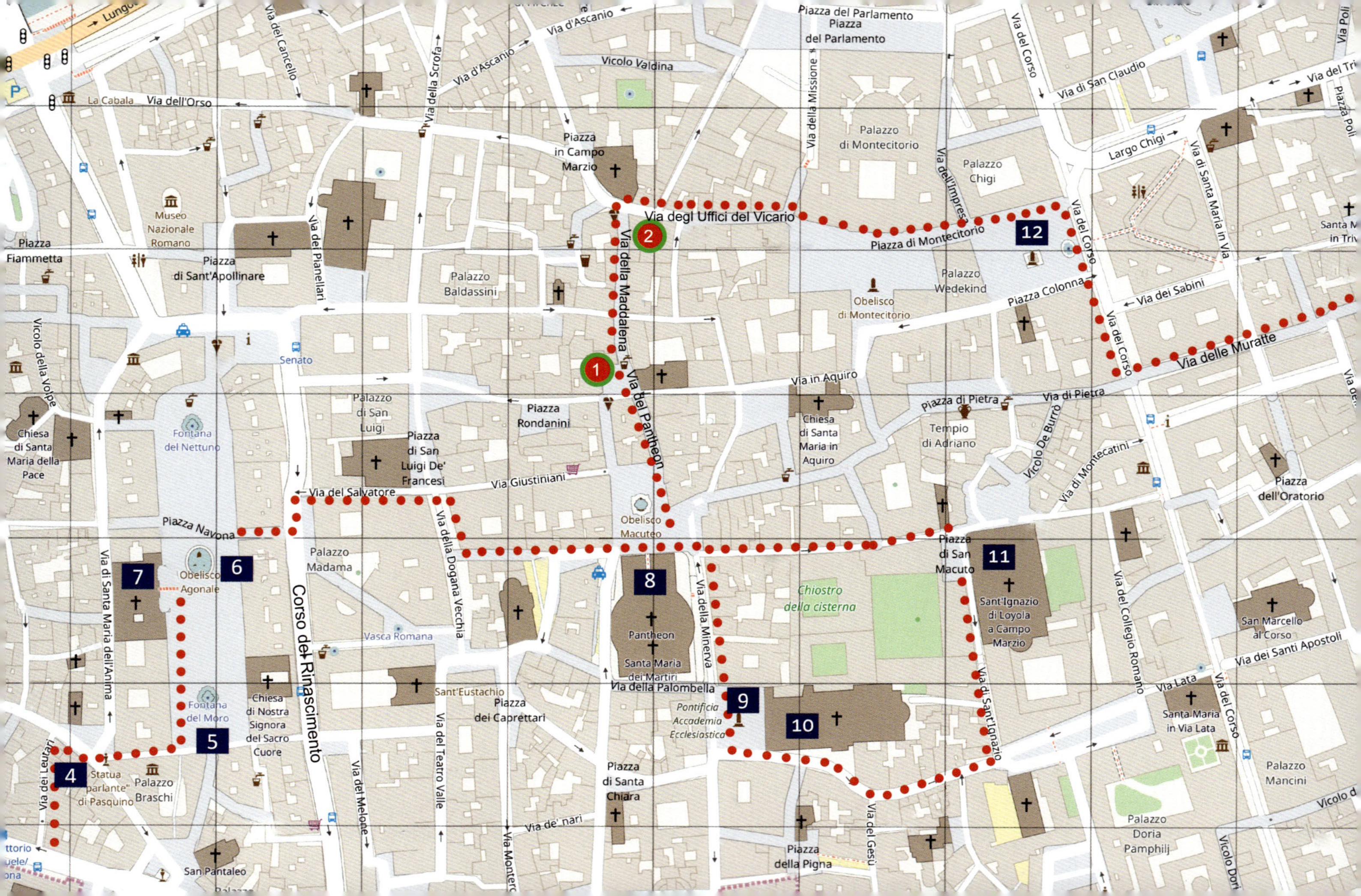

1
2
4
5
6
7
8
9
10
11
12
Via delle Muratte
Via del Corso
Via di Santa Maria in Via
Largo Chigi
Via dei Sabini
Via di San Claudio
Piazza Poli
Palazzo Chigi
Piazza Colonna
Via dell'Impresa
Piazza di Montecitorio
Palazzo Wedekind
Palazzo di Montecitorio
Obelisco di Montecitorio
Piazza del Parlamento
Via della Missione
Via degli Uffici del Vicario
Via della Maddalena
Via del Pantheon
Vicolo Valdina
Piazza in Campo Marzio
Via d'Ascanio
Via della Scrofa
Palazzo Baldassini
Via dei Pianellari
Via del Cancello
Piazza di Sant'Apollinare
Museo Nazionale Romano
Via dell'Orso
La Cabala
Piazza Fiammetta
Vicolo della Volpe
Chiesa di Santa Maria della Pace
Via di Pietra
Piazza di Pietra
Tempio di Adriano
Vicolo De Burrò
Via di Montecatini
Via in Aquiro
Chiesa di Santa Maria in Aquiro
Piazza Rondanini
Via Giustiniani
Obelisco Macuteo
Piazza di San Luigi De' Francesi
Palazzo di San Luigi
Via del Salvatore
Via della Dogana Vecchia
Palazzo Madama
Senato
Corso del Rinascimento
Fontana del Nettuno
Piazza Navona
Obelisco Agonale
Fontana del Moro
Via di Santa Maria dell'Anima
Statua "parlante" di Pasquino
Palazzo Braschi
Via dei Leutari
Chiesa di Nostra Signora del Sacro Cuore
San Pantaleo
Via del Melone
Vasca Romana
Via del Teatro Valle
Sant'Eustachio
Piazza dei Caprettari
Via Monterone
Via de' nari
Piazza di Santa Chiara
Pantheon
Santa Maria dei Martiri
Via della Minerva
Via della Palombella
Pontificia Accademia Ecclesiastica
Chiostro della cisterna
Piazza di San Macuto
Sant'Ignazio di Loyola a Campo Marzio
Via di Sant'Ignazio
Via del Gesù
Piazza della Pigna
Via del Collegio Romano
Palazzo Doria Pamphilj
Santa Maria in Via Lata
Via Lata
Vicolo Doria
San Marcello al Corso
Via dei Santi Apostoli
Palazzo Mancini
Piazza dell'Oratorio

der uns immer wieder in Rom begegnet, erbaut hat, die sogenannte Galleria Borromini. Dieser Säulenkorridor hat nur eine Länge von 8,6 Metern, aber zunächst denkt man, er sei viel länger und die Statue am Ende riesig. Borromini bedient sich eines optischen Tricks. Die hinteren Säulen sind kleiner und stehen auch näher beisammen. Säulen, Boden und Tonnengewölbe wurden mit einer architektonischen Schlauheit errichtet, die unsren Augen spottet.

Öffnungszeiten: Mi-Mo 8:30 bis 19:30
Eintritt: 6 € | 18-25 Jahre 2 € | unter 18 Jahre Eintritt frei | 1. Sonntag im Monat kostenlos.
Gruppen (13 Pers.) melden sich unter +39 06 6832409 oder palazzospada@gebart.it an.

4 Statue parlante - Pasquino

Jetzt machen wir uns auf den Weg zum Pasquino auf dem gleichnamigen Piazza, eine der „Statue parlante“ von Rom, von denen es insgesamt 6 in Rom gibt.

Die Römer brachten die Statuen zum Sprechen, indem sie ihnen Zettel anhefteten, auf denen sie die Obrigkeit und auch den Papst kritisierten.

Ein Spruch, der noch sehr bekannt ist, bezieht sich auf den großen Brunnen auf der Piazza Navona, die wir als Nächstes anschauen werden. Als der gebaut wurde, klebten am Pasquino viele Zettel, auf denen stand „pane, pane non fontane“ - also Brot, Brot und keine Brunnen. Den Menschen wäre billiges Brot lieber gewesen als noch ein Kunstwerk, das sie über ihre Steuern bezahlen mussten.

Mittlerweile sind die Statuen verstummt, Zettel kleben dort keine mehr.

5 Piazza Navona

Eigentlich sollte man die Piazza Navona ‚Piazza Fontana‘, also Brunnenplatz, nennen, denn hier stehen gleich drei große Brunnen. Auch dieser Platz ist elliptisch, weil Kaiser Domitian dort vor fast 2000 Jahren ein Stadion anlegen ließ, in dem bis ins 13. Jahrhundert unterschiedliche Wettkämpfe stattfanden. Heute ist es einer der teuersten Plätze Roms und ein Treffpunkt für Touristen aus aller Herren Länder.

6 Fontana dei Fiume

Der große Brunnen in der Mitte des Platzes fällt jedem sofort ins Auge, der Fontana dei Fiume, also der Flüsse-Brunnen.

Jede der vier Figuren symbolisiert einen Fluss und weißt in eine Himmelsrichtung, denn jeder Fluss symbolisiert einen der damals bekannten Kontinente: Europa, Amerika, Afrika und Asien.

Ratet mal, welche vier großen Flüsse hier dargestellt werden. Sie mussten zur Zeit der Erbauung im Jahr 1651 allerdings schon bekannt sein.

Es waren Ganges, Nil, Donau und der Rio della Plata.

Erbaut wurde der Brunnen von Gian Lorenzo Bernini, der neben Carlo Borromini einer der berühmtesten Baumeister in der Zeit des Barocks war. Die Figur des Nils hält ihren Kopf bedeckt. Dazu gibt es eine schöne Geschichte:

Die Römer behaupten, sie täte das, weil sie nicht die Kirche San Agnese anschauen will - die hat nämlich Berninis Konkurrent Borromini gebaut.

Die Geschichte ist allerdings Unfug - San Agnese wurde erst viel später gebaut. Aber wie sagt man in Rom: „Se non e vero e ben trovato“ – „Wenn es nicht wahr ist, ist es gut erfunden!“

Es gibt viele Erklärungsversuche für die Haltung der Flüsse. Eine andere ist das Verhältnis der Welt zum Papst. Die Taube auf dem Obelisken ist nicht nur das Symbol des Heiligen Geistes, sie war auch das Wappentier Papst Innozenz X. Dann kann man die Flüsse so deuten:

Die Donau (Europa) stützt den Papst, der Rio de la Plata (Amerika) ist von seinem Licht geblendet, der Ganges (Asien) wendet sich uninteressiert ab, der Nil berührt das Wappen aber verhüllt sein Haupt, was bedeuten soll, er befindet sich auf dem Weg zum Glauben. Kunsthistoriker sagen, der wahre Grund sei, dass die Quelle des Nils zu dieser Zeit noch nicht bekannt war. Ihr dürft also mit spekulieren.

Weitere Brunnen

Die anderen beiden Brunnen auf der Piazza Navona werden oft vergessen. Der Brunnen am Nordende ist die Fontana di Nettuno, der am Südende die Fontana del Moro. Beide zeigen Meeresgötter, letzterer Brunnen hat seinen Namen wohl vom Bildhauer Antonio Mori.

7 Sant‘ Agnese in Agone

Gegenüber dem 4-Flüsse-Brunnen steht die Kirche Sant‘ Agnese in Agone. ‚Agon‘ ist griechisch und bedeutet auch ‚Kampf‘, denn dort vor der Kirche erlitt die Heilige Agnes im Stadion ihr Martyrium:

Die Legende besagt, dass die zwölfjährige Agnes den Sohn eines Präfekten, der sich in sie verliebt hatte, nicht heiraten wollte. Sie wollte ihr Leben ganz Gott weihen. Der Präfekt stellte sie vor die Alternative, eine Vestalin zu werden oder nackt in einer Höhle zu leben. Agnes entschied sich für Letzteres. Gott ließ aber ihre Haare so schnell wachsen, dass sie nicht mehr nackt war. Ein Bild davon befindet sich in der Kirche. Danach sollte sie auf dem Scheiterhaufen verbrannt werden. Als aber auch das Feuer vor ihr zurückwich, wurde sie enthauptet.

Ihre Reliquien befinden sich in S. Agnese fuori le mura an der Via Nomentana.

Öffnungszeiten: Di-Fr 9:00-13:00 | 15:00-19:00 | Sa/So 9:00-13:00 | 15:00-20:00

Weg zum Pantheon – Italienischer Senat

Unser nächstes Ziel ist das Pantheon. Auf dem Weg dorthin fallen die vielen Polizeiwagen und die Herren in dunklen Anzügen mit Sonnenbrillen auf. Sie bewachen den italienischen Senat, der sich im Palazzo Madama befindet, an dem wir nun vorbeilaufen. Der Senat ist vergleichbar mit unserem Bundesrat.

8 Pantheon

Das Pantheon ist vermutlich der am besten erhaltene römische Tempel. Zu einer Kirche wurde es erst am 1. November 609 von Papst Bonifaz IV auf den Namen der Madonna und aller heiligen Märtyrer (Sancta Maria ad Martyres) geweiht. Seitdem wird übrigens auch Allerheiligen an diesem Tag gefeiert.

Geschichte

Das ursprüngliche Gebäude wurde vom Freund und Schwiegersohn des Kaiser Augustus, Marcus Agrippa gebaut. Das könnt ihr noch über dem Eingang lesen: M(arcus) AGRIPPA L(ucio) F(ilio) CO(n)S(ule) TERTIUM FECIT. Marcus Agrippa, der Sohn des Lucius, baute dies in seinem dritten Konsulat.

Der Bau, den ihr jetzt seht, wurde allerdings etwa 125 n. Chr. unter Kaiser Hadrian gebaut. Bis heute ist unklar, welchen Gottheiten der Tempel ursprünglich geweiht war. Die Deutung des Namens ‚Pantheon', also ‚allen Göttern', ist umstritten. Manche glauben, dass es eine Art geistlicher Supermarkt war, wo man im Vorbeigehen einer der vielen in- und ausländischen Gottheiten opfern konnte.

Der Charakter als Kirche bewahrte es vor weitergehender Zerstörung, obwohl viele Kaiser und Päpste dem Gebäude Material für ihre eigenen Bauprojekte entnahmen. So ließ beispielsweise Papst Urban VIII die Bronzebeschläge der Vorhalle für Kanonen und den Altartabernakel in St. Peter einschmelzen. Am Pasquino war damals zu lesen: „Quod non fecerunt barbari, fecerunt Barberini" – also: „Was die Barbaren nicht zerstören, zerstören die Barberini" - so hieß Papst Urban mit Familiennamen.

Bautechnik

Was macht den Bau so interessant? Die Konstruktion! Man kann das nicht mehr so gut sehen, weil sich der Grund unter dem Gebäude abgesenkt hat, aber der Durchmesser der Kuppel hat das gleiche Maß wie ihre Höhe: 43,20 Meter. Das ist so, als wenn man einen Ball in einen Eimer steckt und der den Eimer unten berührt und oben mit der Kante abschließt. Bis ins 15., vielleicht sogar bis ins 19. Jahrhundert, war es die größte existierende Kuppel.

Bei dem Bau des Pantheons wandte man eine sehr geschickte Technik an:

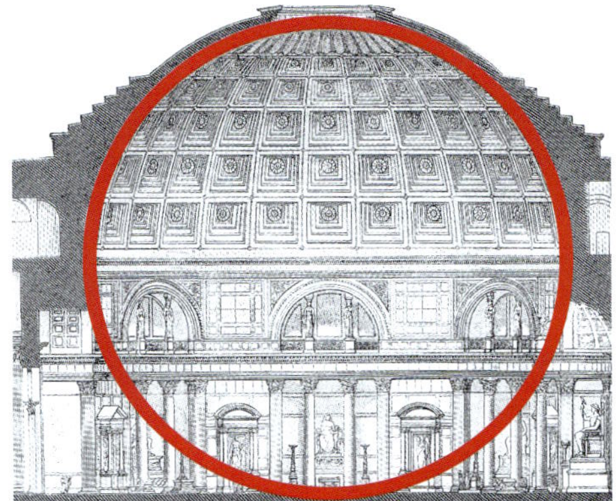

M·AGRIPPA·L·F·COS·TERTIVM·FECIT

Die Wände unten sind unglaublich dick (6,20 Meter!), während sie oben, an der Spitze der Kuppel, gerade mal 1,50 Meter messen. Unten verwendete man sehr schweren Stein, oben luftigen Tuftbasalt.

Wenn ihr nun daran denkt, dass dieser Bau fast 2000 Jahre alt ist, so ist das wirklich eine architektonische Meisterleistung. Übrigens haben Brunelleschi, der den Dom in Florenz baute, und Michelangelo, der St. Peter in Rom baute, dieses Gebäude ganz genau studiert, bevor sie ihre eigenen Kuppeln bauten. Das Weiße Haus in Washington ist ein weiteres Beispiel dieser Technik. Im Pantheon sind die ersten beiden italienischen Könige Viktor Emanuel II. und Umberto I., beigesetzt, aber auch der große Künstler Raffael.

Geöffnet täglich 9-19:00
Eintritt: <18 Jahre frei | 18-25 Jahre 3 € | 5 €
Online-Tickets (Registrierung erforderlich): https://www.museiitaliani.it/en/buy-tickets
Tickets können nur für den gleichen Monat gebucht werden.
Gruppen (6-max. 25 Pers.) nur mit Radio-Guide oder Headsets für Führungen.

9 Piazza della Minerva

Wenn ihr aus dem Pantheon wieder hinauskommt, geht einmal rechts um das Gebäude herum. So kommt ihr auf die Piazza della Minerva und steht vor dem nächsten Obelisken sowie vor der nächsten Kirche.

Dieser Obelisk steht allerdings auf dem vielleicht schönsten steinernen Elefanten, den es gibt. Gefertigt hat ihn Gian Lorenzo Bernini, und die Inschrift darauf lautet frei übersetzt: „Wer immer das Zeichen des weisen Ägypten auf diesem Obelisken, getragen von einem Elefanten, dem stärksten aller Tiere, sieht, versteht es als Beweis, dass es einen starken Verstand braucht, um die ganze Weisheit zu ertragen."

Berninis Sohn Giacomo erzählte, dass sein Vater 1665 an den Hof Ludwigs XIV. eingeladen war. Überall wurde er mit großer Bewunderung empfangen. Langsam kam er sich bei all der Anerkennung aber vor wie ein exotisches Tier im Zoo – eben l'elefante, wie die Inschrift besagt.

Die Römer nennen den Elefanten liebevoll ‚pilcino' – das Küken. Sie behaupten zudem, der Elefant zeige mit dem Hinterteil auf die Kirche ‚Santa Maria sopra Minerva', weil Bernini die Dominikaner, denen diese Kirche gehört, nicht mochte ...

10 Santa Maria sopra Minerva

Es ist trotzdem eine sehr schöne Kirche, die einen kurzen Besuch lohnt. Ihren Namen hat die Kirche daher, dass hier auf dem Marsfeld ein Tempel zu Ehren Minervas gestanden haben soll. Die Decke erstrahlt in einem tiefen Blau und ist übersät mit goldenen Sternen.

Ein wenig verweilen solltet ihr aber vor allem vor der Statue des auferstandenen Christus, die Michelangelo geschaffen hat. Es ist das Abbild eines starken Christus, eines Christus, der uns auch heute noch mit all unseren kleinen Schwächen trägt.

Michelangelos Kollegen behaupteten, das rechte Knie dieser Figur sei die schönste Plastik, die er je geschaffen habe. Die Skulptur selbst, die nackte Darstellung Christi, war trotz der recht freizügigen Hochrenaissance ein Skandal. Nach dem Konzil von Triest und nach der Beschädigung durch einen von seinem Gewissen geplagten Mönch, erhielt die Figur ein Lendentuch aus Bronze, das sie bis heute trägt.

In der Kirche ist auch die Heilige Katharina von Siena begraben. Rechts neben dem Portal finden sich zahlreiche Tafeln, die auf die Hochwasserstände in Rom zu den Zeiten verweisen, bevor der Tiber in sein heutiges eingemauertes Bett verlegt wurde. Im Jahr 1530 stand das Wasser schon recht hoch.

Öffnungszeiten: täglich 11-13:00 | 15-19:00

11 Umweg Sant' Ignazio di Loyola

Wer noch Lust auf eine ganz große Illusion hat, sollte einen kleinen Umweg machen und die Kirche Sant' Ignazio besuchen. Neben Il Gesu ist sie die Hauptkirche des Jesuitenordens in Rom.

Das spannende in dieser Kirche ist das Deckenfresko. Es stammt von Andrea Pozzo und wurde 1695 fertiggestellt. Wer sich auf die runde Marmorscheibe im Boden stellt und ‚gen Himmel' blickt, wird sich schwer tun zu unterscheiden, was dreidimensional, also aus Stein, Stuck und Marmor, und was zweidimensional ist, also gemalt wurde. Es ist eine perfekte Illusion. Wer sich nicht hinters Licht führen lassen will, sollte ein Fernglas mitnehmen.

Öffnungszeiten: täglich 9-23:30

Weg über zwei Eisdielen

Auf dem Weg vom Pantheon zur Säule des Mark Aurel kommt ihr an zwei der besten Eisdielen Roms vorbei, die ihr unbedingt besuchen solltet: 1. Della Palma & 2. Giolitti. Bestellt am besten jeweils nur ein Gelato piccolo, sonst habt ihr nachher Bauchschmerzen! Mehr zu Eis: S. 130

12 Säule des Mark Aurel

Vom Eis erfrischt erreicht ihr nun die Piazza Colonna mit der Säule des Marc Aurel. Auf ihr sind die Siege jenes Kaisers beschrieben.

Ursprünglich stand dort oben natürlich eine Statue des Kaisers Mark Aurel, heute ist es allerdings der Apostel Paulus mit dem Schwert, der über der Stadt wacht.

Im Inneren der Säule befinden sich 190 Stufen, über die man auf die Plattform gelangen kann. Im Mittelalter war der Aufstieg zur Säule so beliebt, dass das Recht, Eintritt zu erlauben, jedes Jahr an den Meistbietenden versteigert wurde. Heute ist das Besteigen nicht mehr möglich.

13 Fontana di Trevi

Wenn ihr rechts in die Via delle Muratte hineingeht, steht ihr nach etwa 300 Metern vor Roms vielleicht berühmtesten Brunnen: Der Fontana di Trevi. Es wird behauptet, man käme wieder nach Rom zurück, wenn man Geld mit der rechten Hand über die linke Schulter ins Wasser wirft, während man mit dem Rücken zum Brunnen steht.

Natürlich tun das viele der Touristen - lasst euch aber nicht dazu verleiten, euch an dem Geld im Brunnen zu bedienen! Das Geld, immerhin jährlich ca. 1,4 Millionen Euro, fließt in Sozialprojekte der Caritas. Auf den Diebstahl des Geldes stehen hohe Strafen und die Vigili Urbani, die darauf achten, sind ziemlich flink.

In der zentralen Nische des Brunnens seht ihr den Meeresgott Neptun, dessen Muschelwagen von zwei Pferden gezogen wird: Das eine Pferd symbolisiert das Wasser bei Windstille, das andere bei Sturm. Zwei weitere Meeresgötter, die halb Fisch, halb Mensch sind, so genannte Tritonen, ziehen an den Pferden. Nicola Salvi wollte damit die Naturgewalten zeigen, die das Werk der Menschen bedrohen.

Auf der rechten Seite des Brunnens seht ihr eine große Vase. Die Römer sagen, Salvi habe sie dahingestellt, damit ihm ein Friseur, der dort sein Geschäft hatte, nicht mehr bei der Arbeit zusehen konnte. Der Friseur war wohl ein wenig zu kritisch ...

Der Brunnen wird durch den Aquädukt Aqua Vergine, einem der elf Aquädukte, die Rom im Altertum mit Wasser versorgten, mit Wasser gespeist, die Wasserspiele werden mittlerweile durch eine Umwälzpumpe betrieben. Die Aqua Virgo ist das einzige Aquädukt, das seit der Antike ununterbrochen Wasser nach Rom führt.

Mehr zu Aquädukten gibt‘s auf S. 73.

Piazza Spagna

Jetzt haben wir noch einen Brunnen und eine Piazza vor uns!

14 Fontana della Barcaccia

Der Tiber, heißt es, sei einmal so hochgestiegen, dass ein Boot an diesem Platz liegen geblieben sei. So habe es Pietro Bernini (der Vater von Gian Lorenzo, von dem wir schon gehört haben) als Motiv für einen Brunnen benutzt, die Fontana della Barcaccia. Der Brunnen wird ebenfalls von der Aqua Virgo versorgt, genauso wie der Vierströmebrunnen auf der Piazza Navona.

15 Spanische Treppe

Die spanische Treppe hat ihren Namen von der spanischen Gesandtschaft beim Heiligen Stuhl (also beim Papst), die an diesem Platz ihren Sitz hatte. Eigentlich heißt sie ‚Scalinata di Trinita dei Monti', denn sie führt zu der gleichnamigen Kirche hinauf. Davor befindet sich ein weiterer der 14 Obelisken von Rom. Die Aufschrift auf dem Obelisken wurde allerdings erst in der Antike hinzugefügt von jemandem, der kein Ägyptisch konnte – es ist ein sinnfreies Fantasieprodukt. An diesem Punkt endet unser Spaziergang durch die römische Altstadt.

Wenn ihr die Scala di Spagna, die Spanische Treppe, hinaufgeht und euch zwischen all den Touristen, Händlern, Bettlern, Dieben und Künstlern hindurch gedrängelt habt, steht ihr fast schon im Park der Villa Borghese, wo man sich im Schatten der Bäume erholen kann. Siehe ‚Villa Borghese' auf S. 83.

Das Reich des Papstes - der Vatikan und seine Museen

Kirche und Kirchen begegnen einem in Rom auf Schritt und Tritt. Das Herz des Katholizismus schlägt jedoch nach wie vor im Vatikan. Hier sitzt der Papst, hier arbeitet die Kurie und hier gibt es jede Menge beeindruckende Kunst zu sehen. Nehmt euch Zeit und lasst euch trotz der Massen auf dieses Erlebnis ein.

Start/Ende: Petersplatz

Anreise: Metro A bis Haltestelle „Ottaviano"

A Petersdom

Öffnungszeiten: Oktober bis März 7-18:30
April - September 7 bis 19:00

Eintritt: kostenlos

Achtung!
Sicherheitskontrollen vor dem Eingang;
Bitte keine großen Taschen, Messer oder gefährlichen Gegenstände mitnehmen!

Zugang nur mit langer Hosen oder knielangen Röcken und bedeckte Schultern.

B Kuppel (vor Zugang zum Dom rechts)

Öffnungszeiten: 7:30 – 17:00 Uhr
Eintritt:
5,-€ für Schul-/ Jugendpilgergruppen mit Schüler-/Studentenausweis
+ Teilnehmerliste!
8,-€ normaler Preis (551 Stufen);
10,-€ Eintritt mit Aufzug (320 Stufen)

C Vatikanische Museen

Anreise:
Metro A bis Haltestelle Cipro
Der Eingang ist in der Viale Vaticano.

Öffnungszeiten :
Montag bis Samstag 9:00 – 18:00 Uhr
(letzter Einlass 16:00 Uhr)

Eintritt
Reduzierter Preis 8,-€ für
Jugendliche 6-18 Jahre
Studenten mit Studentenausweis bis 25 Jahre
Pilgergruppen in Begleitung eines Priesters

Erwachsene: 20,-€
Letzter Sonntag im Monat: gratis

Tipp: Vorher als Jugendgruppe reservieren: https://tickets.museivaticani.va/home

Papst live erleben
bei der Generalaudienz (Mi 9:30) und beim Angelusgebet (So 12:00, Eintritt frei) auf dem Petersplatz. Zu diesen Zeiten sind keine Besichtigungen im Petersdom möglich.

Karten Generalaudienz: www.pilgerzentrum.net/bestellsystem/audienzen

Am einfachsten kommt man zum Vatikan mit der Metro Linie B, Haltestelle ‚Ottaviano'. Dann folgt man all den anderen Leuten und lauft die Via di Porta Angelica entlang, der Spaziergang dauert etwa 10 Minuten.

Nach 650 Metern kommen wir an der Via Sant' Anna vorbei, dort ist der Eingang zur Vatikanstadt, (ohne einen Termin mit einem Kardinal oder einem der vielen Monsignori wird man freundlich aber bestimmt weitergeschickt).

Nachdem wir die Mauer der Vatikanstadt passiert haben, halten wir uns links und stehen nach wenigen Metern auf dem Petersplatz.

Der Vatikanstaat (Stato Cittá del Vaticano) hat ungefähr 550 Einwohner, darunter natürlich der Papst und viele hochrangige Mitarbeiter der Kirche. Sie haben einen eigenen Pass, der Vatikanstaat hat sein

Ottaviano
Cipro
Ospedale Oftalmico
Via Fra Albenzio
Vittor Pisani
Via Cipro
Via Mocenigo
Viale Vaticano
Via Germanico
Via Catone
Via Silla
Via Cola di Rienzo
Via Crescenzi
Bastioni di Michelangelo
Green Line Tours
P.za del Risorgimento
Risorgimento/S. Pietro
Via Stefano Porcari
Borgo Angelico
Via di Porta Angelica
Civitas Vaticana
Via del Falco
Borgo Vittorio
Borgo Pio
Via dei Corridori
Via Rusticucci
Vaticano Polizia di Stato
Palazzo Armellini Cesi
Chiesa dei Santi Michele e Magno
Augustinian General Curia
Istituto patristico augustinianum
Start
1
2
A
B
C
Fontana di Maderno
Roma Capitale
Italia
Lazio
Piazza Retta
San Paolo
San Pietro
San Bartolomeo
San Tommaso
Necropoli Vaticana
Braccio di Costantino
Cortile della Sentinella
Palazzo Apostolico
Cortile di San Damaso
Cortile di Sisto V
Cortile d'Onore
Cortile dei Falegnami
Via di Belvedere
Tipografia Vaticana
Via della Tipografia
Via del Pellegrino
L'Osservatore Romano
Via della Posta
Via Pius X
Necropoli della Via Triumphalis
Musei Vaticani
Braccio Nuovo
Sphera apud Sphera
Strobilus
Cortile Ottagono
Atrio dei Quattro Cancelli
Stradone dei Giardini
Viale Oscar Romero
Viale della Zitella
Ars Iuncta Porticui Vaticanus
V.le Vaticano/Musei Vaticani
V.le Vaticano/Pisani
Viale del Giardino Quadrato
Villa Pius IV
Via dell'Aquilone
Horto Anglii
Viale San Marco
Viale del Bosco
Viale San Benedetto
Cappella del Monastero Mater Ecclesiae
Sancti Petri
Rampa dell'Archeologia
Via Governorate
Via Fundatum
Via dell'Osservatorio
Viale della Radio
Piazzale della Grotta di Lourdes
Grotta di Lourdes
Petra Hortus
Mons Vaticanus 75 m
Fons Sancto Joseph
Quadratum Præside
Quadratum Sancti Stephani
Via Seminarii Æthiops
San Michele Arcangelo
Fons Crusta
Parcheggio della Stazione
Città del Vaticano
Municipio Roma XIII
Via Pio XI
Viale Pio XI
Transfusor Centrum "Marconi"
Largo Giovanni XXIII
Dominae Nostrae de Guadalupe
Portus helicopterorum
Viale degli Olivi
Via Aurelia
Via Nicolò V
Palazzo San Carlo
Domus Sanctae Marthae
Ospizio di Santa Marta
Sacristia
Santa Maria della Pietà (Santa Maria in Campo Santo)
Piazza del Sant'Uffizio
Via Tunica
Via Paolo VI
Borgo Sa
Via del
Emo
Emo/Bragadin
Via Angelo Emo
Via della Meloria
Via Francesco Sivori
Via Ruggero Fiore
Via Domenico Millelire
Via Giorgio Sca

eigenes Geld (einen besonderen Euro mit dem Bild des Papstes) und eigene Briefmarken. Letztere bekommt man auf der vatikanischen Post (auf der linken Seite des Petersplatzes oder bei der Touristeninformation gleich daneben).

Der Vatikan hat auch einen eigenen Radiosender (Radio Vatikan) und eine eigene Zeitung, den Osservatore Romano.

Vatican News ist das neue Internetportal.

<u>*Warum heißt der Vatikan eigentlich so?*</u>

Ursprünglich war dort, wo der Petersdom steht, ein Berg, der von den Etruskern, dem Volk, das vor den Römern hier lebte, ‚mons vaticanus' genannt wurde, frei übersetzt ‚Berg der Prophezeiungen'. Die Römer versetzten jedoch sprichwörtlich Berge und errichteten an dieser Stelle die erste Peterskirche.

Petersplatz

Nun wollen wir aber einen Blick auf den Petersplatz selbst werfen. Die weiße Linie am Boden trennt den Vatikanstaat von der Republik Italien, wer auf der Innenseite steht, ist sozusagen in einem anderen Land. Der Petersplatz wird ‚umarmt' (wie die Römer sagen) von den Kolonnaden, einem Gang, der auf 284 Säulen ruht. Gebaut hat ihn wieder einmal Bernini. Die Figuren, die auf dem Dach stehen, sind wohl Berninis Lieblingsheilige, 140 an der Zahl. Jede ist 3,20 Meter groß.

Im antiken Rom befand sich hier das Stadion des Nero, an dieser Stelle wurden also viele Christen ermordet, unter ihnen auch der Heilige Petrus. Wie das Stadion, die erste Peterskirche und die heutige ‚Basilica di San Pietro' zusammenhängen, sieht man auf dieser Zeichnung.

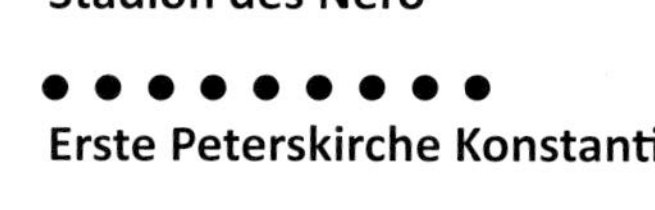

1 Obelisk

Der Obelisk in der Mitte des Platzes stammt natürlich aus Ägypten. Er ist mit 25 m der zweithöchste von Rom und stand zunächst in Neros Stadion als ein Wendepunkt für die Wagenrennen. 1586 wurde er mit einem riesigen Aufwand (800 Arbeiter und 140 Pferde) an dieser Stelle aufgestellt, denn der Koloss wiegt etwa 330 Tonnen. Es gibt übrigens die Geschichte, dass diese Aktion beinahe schief gegangen wäre, weil die Seile zu heiß wurden und zu reißen drohten. Ein Arbeiter bemerkte es jedoch und rief: „Wasser auf die Seile!“ Als Belohnung durfte er darauf immer am Palmsonntag Palmzweige auf dem Petersplatz verkaufen. Das war ein einträgliches Geschäft, denn nur wenige Leute hatten diese Erlaubnis.

2 Päpstliche Gemächer

Wenn ihr euch weiter umblickt, seht ihr auf der rechten Seite hinter den Kolonnaden das Gebäude, wo sich im obersten Stock auf der rechten Seite die päpstlichen Gemächer befinden. Von seinem Fenster aus spricht er auch zu den Menschen auf dem Petersplatz. Der derzeitige Papst Franziskus blieb jedoch nach seiner Wahl zum Papst im Gästehaus Sankt Martha wohnen. „Er wolle auf einfache Weise mit Menschen in Kontakt bleiben“, sagte er damals Journalisten.

Die Sixtinische Kapelle seht ihr gleich rechts von der Fassade der Peterskirche. Wenn ihr allerdings den Schornstein sucht, aus dem bei der Papstwahl der Rauch aufsteigt, dann habt ihr Pech gehabt. Dieser Schornstein, ebenso wie der dazugehörige Kanonenofen, wird nur zur Papstwahl aufgebaut.

A Peterskirche

Jetzt wollen wir aber endlich in die Peterskirche gehen. Zuerst geht es durch die Personenkontrolle. Bitte nehmt keine großen Rucksäcke mit und beachtet die Hinweise im gelben Kasten! Die Schweizer Garde (das ist die päpstliche Polizei) lässt auch keine Schweizer Taschenmesser durch.

Dort, wo heute die mächtige Peterskirche steht, stand im antiken Rom eine kleine Kapelle über dem Grab des Hl. Petrus. Kaiser Konstantin ließ hier um das Jahr 320 die erste, wesentlich kleinere Basilika errichten. Zu diesem Zeitpunkt wurde auch der ehemalige Hügel eingeebnet.

Den Grundstein für die heutige Kirche legte Papst Julius II im Jahr 1506. Es dauerte allerdings 20 Jahre, bis die Kirche geweiht werden konnte, und noch einmal 50 weitere Jahre, bis sie endgültig fertig war. Zunächst baute Meister Bramante an der Kirche. Er riss dafür große Teile der alten Peterskirche ab, deshalb gaben die Römer ihm auch den Spitznamen ‚Maestro Ruinante‘, also ‚Zerstörmeister‘. Später bauten viele andere Baumeister und zum Schluss auch Michelangelo daran, der die Kuppel entwarf und zum Teil baute (nachdem er das Pantheon studiert hatte).
Zweiundzwanzig Päpste beobachteten also das Baugeschehen, bis diese gewaltige Kirche endlich nach 170 Jahren fertig war.

Nachdem wir die Sicherheitskontrolle passiert haben, müssen wir uns entscheiden, ob wir direkt in die Peterskirche gehen wollen (dazu halten wir uns links) oder ob wir erst die Kuppel besteigen wollen (dann stellen wir uns rechts in die Warteschlange).

Nach dem Abstieg kommt ihr automatisch in den Petersdom.

B Besichtigung der Kuppel

Natürlich kann man auch die Kuppel besichtigen, es lohnt sich! Ihr könnt zu Fuß gehen oder mit dem Aufzug fahren, der euch bis auf das Dach der Peterskirche bringt. Von dort habt ihr eine schönen Ausblick über die Stadt und auf die Kolonnaden mit den riesigen Figuren. Wenn ihr ganz hoch hinaufwollt, zur sogenannten Kuppellaterne, müsst ihr allerdings noch 320 steile Stufen an zum Teil schrägen Wänden hinauf laufen. Also nur etwas für Fitte! Auf halben Weg kommt man durch eine Tür in die Laterne und kann von dort oben in die Peterskirche schauen. Beim Betrachten der Kuppelinschrift wird die Dimension der Kirche deutlich.

Oben angekommen kann man einmal rund um die Laterne laufen und sieht von dort auch in die Vatikanischen Gärten.

Auf dem Weg nach unten könnt ihr auf der Dachplattform eine kurze Pause einlegen. Dort befindet sich auch eine Toilettenanlage.

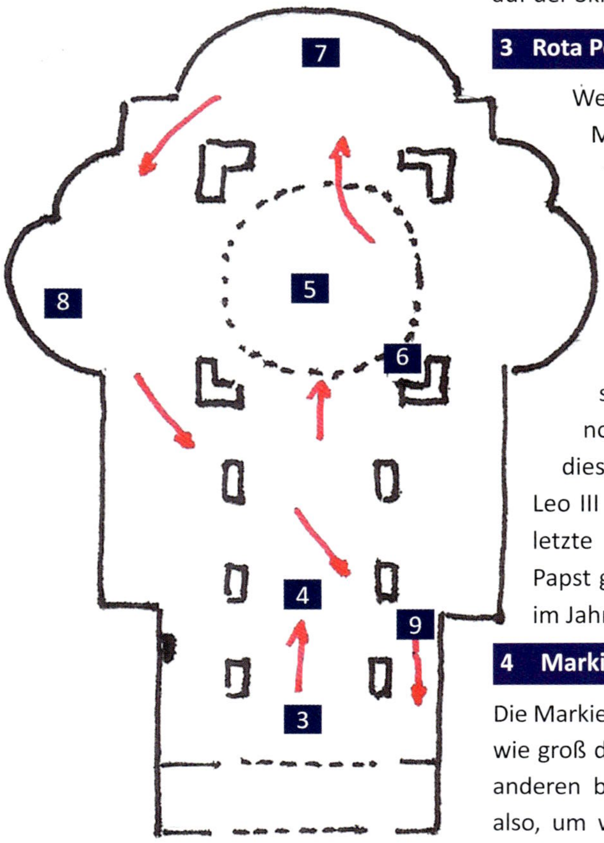

Für den Rundgang schlage ich den Weg auf der Skizze daneben vor:

3 Rota Porphyretica

Wenn ihr die Kirche in Richtung Mittelgang betretet, fällt als erstes eine große Scheibe aus rotem Marmor in der Mitte auf, die ‚Rota Porphyretica'. Auf dieser Scheibe knieten im Mittelalter die Kaiser nieder, um sich vom Papst krönen zu lassen. Es war Karl der Große, der noch in der alten Peterskirche auf dieser Platte im Jahr 800 von Papst Leo III zum Kaiser gesalbt wurde. Der letzte Kaiser, der dort durch einen Papst gekrönt wurde, war Friedrich III im Jahr 1452.

4 Markierungen im Mittelgang

Die Markierungen im Mittelgang zeigen an, wie groß die Peterskirche im Vergleich mit anderen berühmten Kirchen ist. Ihr seht also, um wie viel größer diese Kirche im Vergleich mit St. Paul im London, dem Dom in Florenz und dem Kölner Dom ist. Die Kirche ist wirklich riesig, sie ist Innen 186 Meter lang (mit Vorhalle 211,50 m) und fasst (sitzend!) etwa 60.000 Gläubige. Wenn ihr genau hinseht, werdet ihr feststellen, dass dieser Bau eigentlich nur die Kuppel des Pantheons (Seite 32) mit der Basilica Maxentia (S. 32) verbindet. Das Grundprinzip des Baus ist also einfach, die Ausführung war es sicher nicht.

Auch wenn hier alles riesig ist, so sind die Figuren und andere Bauelemente doch so entworfen, dass sie den Raum kleiner wirken lassen. Die Figur der Hl. Teresa beispielsweise ist etwa fünf Meter hoch, die Figur darüber sieht genauso groß aus, ist in Wahrheit jedoch zwei Meter größer; das ist ein Trick der Baumeister, damit die Kirche trotz ihrer Größe ‚heimelig' wirkt.

B Kuppel

Wenn ihr weitergeht, kommt ihr direkt unter Michelangelos Kuppel. Der Meister war schon 72 Jahre alt, als ihn Papst Paul III überredete die Leitung des Baus zu übernehmen. Die Kuppel ist ca. 120 Meter hoch und hat einen Durchmesser von 42,34 m. Zum Vergleich: Die Türme der Münchner Frauenkirche messen etwa 99 m, die des Kölner Doms sind 157 m hoch. Die Buchstaben auf der Innenseite sind zwei Meter hoch. Der lateinische Spruch, den ihr lest, heißt auf Deutsch: „Du bist Petrus der Fels. Auf diesem Felsen werde ich meine Kirche bauen, und dir gebe ich die Schlüssel des Himmelreiches.“

5 Papstaltar

Der Papstaltar bildet den Mittelpunkt des Petersdoms - über ihm befindet sich ein 29 Meter hoher Baldachin aus Bronze, ein sogenanntes ‚Ziborium‘. Es wiegt 93 Tonnen und wurde von Bernini aus der eingeschmolzenen Decke der Vorhalle des Pantheons geschaffen hat. Der Meister hat daran neun Jahre gearbeitet.

6 Petrus - Statue

Das Grab des Heiligen Petrus befindet sich nach der Tradition direkt unter dem Altar. Wenn ihr euch umseht, findet ihr auch den Apostel selbst als Bronzestatue an einem der vier großen Stützpfeiler, die die Kuppel tragen. Diese Pfeiler tragen ein Gewicht von etwa 14.000 Tonnen.

Vatikanische Grotten

Hinter dieser Statue führt auch eine Treppe zu den vatikanischen Grotten, in denen, neben Petrus, 24 der 265 verstorbenen Päpste begraben liegen. Aber aufgepasst: Das ist eine Einbahnstraße! Ihr kommt aus den Grotten nicht mehr in die Peterskirche zurück, sondern müsst sie durch einen anderen Ausgang verlassen. Wenn ihr die Grotten anschauen wollt, solltet ihr dies am Ende der Tour tun.

7 Stuhl Petri

Direkt hinter dem Papstaltar seht ihr den ‚Stuhl Petri‘, die Cathedra Petri. Es ist ein von Gian Lorenzo Bernini entworfener Bronzemantel, unter dem sich ein Holzstuhl befindet, der der ‚Lehrstuhl‘ von Apostel Petrus gewesen sein soll.
Untersuchungen haben allerdings ergeben, dass der Holzstuhl wahrscheinlich aus dem 9. Jahrhundert n. Chr. stammt.

8 Kreuzigung Petri

Wenn ihr jetzt rechts herum der Rundung folgt, gelangt ihr zu der Stelle, wo Petrus der Überlieferung nach gekreuzigt wurde.
In der Peterskirche gibt es noch ca. 50 weitere große Statuen und Kunstwerke - einfach zu viele, um hier auf jedes einzugehen. Wer sich intensiver mit der Kirche befassen will, sollte sich ein spezielles Buch besorgen. Lasst einfach die Atmosphäre, die ungeheure Größe, die ja auch die Größe Gottes zeigen soll, auf euch wirken.

9 Pietà

Ein Kunstwerk sollten ihr euch aber doch noch anschauen, bevor ihr Sankt Peter verlasst: die ‚Pietà‘ von Michelangelo.
Vielleicht kennt ihr ja Bilder dieser Skulptur. Michelangelo hat sie im Alter von 25 Jahren geschaffen, und es gibt Leute, die sagen, er habe nie mehr so schön gearbeitet. Es ist die Darstellung Marias mit dem toten Jesus. Maria wirkt im Vergleich zu Jesus sehr jung, als wäre sie seine Schwester, nicht seine Mutter.

Es gibt viele Erklärungsversuche dafür, aber vielleicht wollte Michelangelo die Madonna einfach in strahlender, jugendlicher Schönheit zeigen. Zudem ist sie deutlich größer als Jesus, sodass der tote Jesus wie ein Kind auf dem Schoß der Mutter wirkt.

Am 21. Mai 1972 wurde die bis dahin frei stehende Statue durch einen geistesgestörten Attentäter mit etlichen Hammerschlägen schwer beschädigt. Seit der Restaurierung kann man sie nur noch durch eine Panzerglasscheibe betrachten. Auch wenn es oft schwierig ist, sich die Pieta in Ruhe anzuschauen, denn meist herrscht dort ein ziemliches Gedränge: Nehmt euch etwas Zeit und versucht einen Platz vorne zu ergattern. Manche Dinge sind so schön, dass man sie einfach gesehen haben muss.

C Die Vatikanischen Museen

Der Eingang zu diesen Museen befindet sich in der Viale Vaticano - also ein ganzes Stück vom Petersplatz entfernt. Die vatikanischen Museen gelten als eine der bedeutendsten Kunstsammlungen der Welt. Viele Päpste haben durch ihre Leidenschaft für die Kunst zur Entstehung dieser umfangreichen Sammlung beigetragen. Alle Gänge und Räume zusammen sind etwa 7 km lang. Ihr könnt also unmöglich alles sehen.

Wir zeigen euch hier eine Auswahl - vor allem die Decke der Sixtinischen Kapelle. Wer in den Museen mehr Zeit verbringen möchte, sollte sich unbedingt einen guten Führer besorgen.

Cortile della Pigna

Über eine lange Wendeltreppe gelangt ihr zum Haupteingang und von dort in den Cortile della Pigna, den Pinienhof, in dem in der Mitte ein riesiger Pinienzapfen aus Bronze steht. Der Pinienzapfen stand im Isis Kult, der im antiken Rom viele Anhänger hatte, für die Unsterblichkeit.

Ausstellungen in den Museen

Von hier aus geht es zum Museo Pio Clementino. In der Sala degli Animali gibt es antike Tierplastiken zu sehen. In der Sala dei Busti, stehen die Marmorköpfe vieler berühmter Römer.

Cortile del Belvedere

Danach kommt ihr in den zweiten großen Innenhof der Museen, den Cortile del Belvedere. Dort stehen die berühmtesten antiken Plastiken der vatikanischen Sammlung, darunter der Apollo von Belvedere und die Laokoon Gruppe. Letztere zeigt den Priester Laokoon und seine Söhne im Kampf mit zwei Schlangen. Laokoon hatte die Trojaner vor dem Angriff der Griechen gewarnt, deshalb ließ ihn Göttin Athene, die die Eroberung Trojas wollte, durch Schlangen töten.

Galleria delle Carte Geografiche

Wenn ihr den nächsten Raum, die Galleria delle Carte Geografiche, durchquert habt, kommt ihr zu Raffaels ‚Stanzen', also den Zimmern Raffaels. Papst Julius II hatte den jungen Raffael engagiert, um einen Teil seiner Zimmer auszumalen. Als er jedoch das erste Wandgemälde Raffaels sah, die ‚Schule von Athen', ließ er ihn auch alle anderen Arbeiten ausführen.

Die ‚Schule von Athen' seht ihr im ehemaligen Arbeitszimmer dieses Papstes. In dem Bild beschreibt der Maler das menschliche Denken: Philosophie und Naturwissenschaften: In der Mitte des Bildes stehen Platon und Aristoteles, zwei berühmte griechische Philosophen. Raffael hat Platon das Gesicht von Leonardo da Vinci gegeben. Rechts vorne forschen Wissenschaftler, während links gegrübelt wird. Raffael selbst hat sich unten rechts gemalt: Er hat keinen Bart und trägt ein schwarzes Barett.

Stanza di Eliodore

In der ‚Stanza di Eliodore' malte Raffael Szenen, in denen Gott zum Schutz des Heiligen und der Kirche eingegriffen hat. Sicher erkennt ihr die Befreiung des Petrus aus dem Kerker, wie sie uns in der Apostelgeschichte erzählt wird.

Sixtinische Kapelle

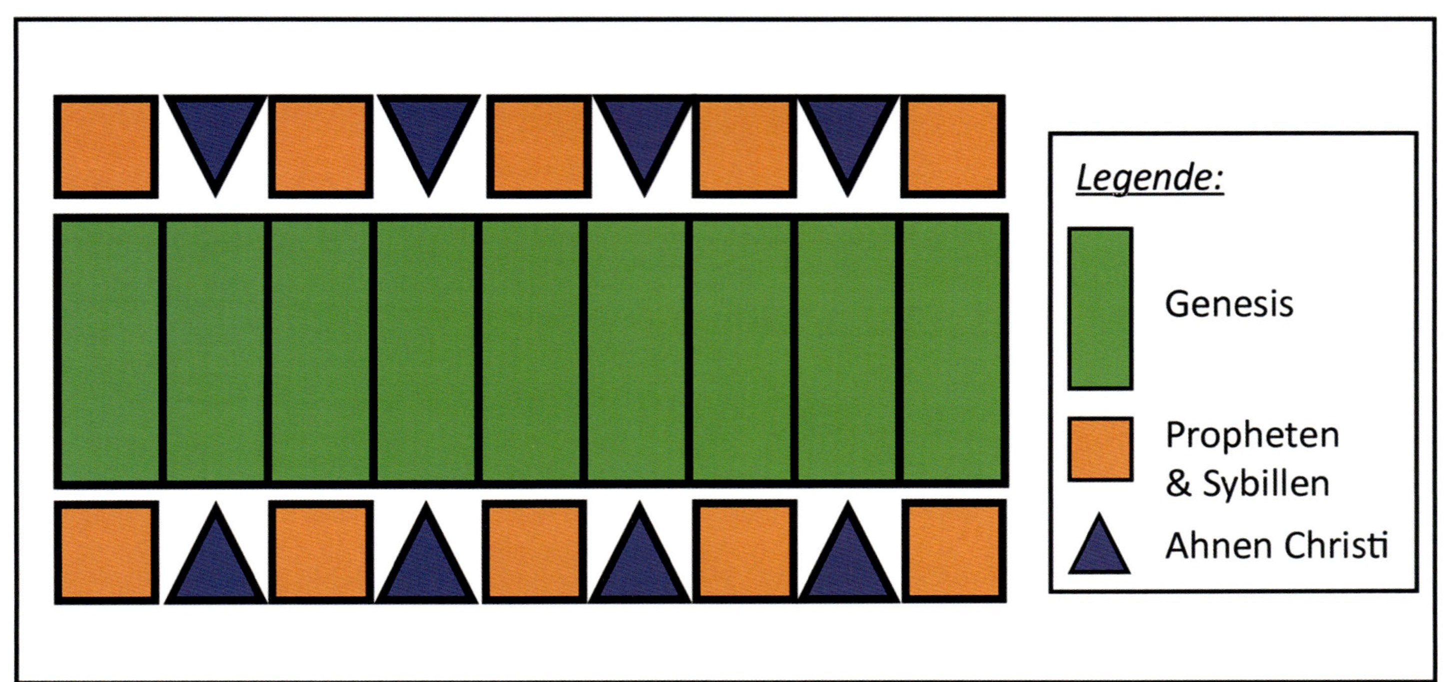

Die Loggien, die Raffael auch gestaltet hat, können wir leider nicht anschauen, denn dort befinden sich heute die Büros des Papstes und seiner direkten Mitarbeiter.

Sixtinische Kapelle

Das ‚Highlight‘ des Rundgangs durch die Museen ist jedoch die Sixtinische Kapelle. Was für die Museen gilt, gilt vielleicht noch mehr für die Sixtische Kapelle: Wenn man zum ersten Mal dort ist, kann man unmöglich alles aufnehmen, was man sieht - es ist einfach überwältigend.

Die Kapelle ist benannt nach Papst Sixtus IV, in dessen Auftrag sie von 1473 bis 1484 gebaut wurde. Das Beeindruckendste an ihr sind ohne Zweifel die Wandfresken, die von verschiedenen Künstlern aus Umbrien und der Toskana gestaltet wurden, sowie das große Deckenfresko und das ‚jüngste Gericht‘, das Michelangelo geschaffen hat. Ich möchte euch vor allem einen Einstieg in eben jenes Deckenfresko anbieten, denn wenn man weiß, wie es kombiniert ist, findet man sich viel leichter zurecht:

Szenen aus dem Alten Testament

In der Mitte seht ihr **Szenen aus dem Alten Testament**, die Erschaffung der Welt, die Erschaffung der ersten Menschen Adam und Eva, den Sündenfall und die Sintflut.

Propheten und Sybillen

Daneben seht ihr die **Propheten und Sybillen**. Wenn ihr vom Eingang aus rechts anfangt, seht ihr rund herum Jeremias, Ezechiel, Joel, Jesaja und Daniel. Dazwischen sind immer die Sybillen, weise Frauen des Heidentums.

Ahnen Christi

Eingeschoben sind die **Ahnen Christi**. In den Ecken seht ihr, wieder beginnend rechts neben dem Eingang: den Tod des Haman, David und Goliath, Judith und Holofernes und Moses mit der ehernen Schlange.

Setzt euch - wenn ihr einen Platz findet - an den Rand dieser riesigen ‚Kapelle‘ (40 m lang und 13 m breit - angeblich so groß wie Salomons Tempel) und lasst die Bilder auf euch wirken.

Wenn ihr zum Eingang zurückschaut, seht ihr **Michelangelos Vorstellung vom jüngsten Gericht**. Er malte dieses Bild 23 Jahre nach der Gestaltung der Decke und ihr seht schon, dass sich die Welt verändert hatte. In der Zwischenzeit hatte die Reformation stattgefunden, also die Abspaltung der protestantischen Kirchen.

Michelangelo malte ein bedrückendes Bild von jenem letzten Gericht. Niemand auf dem Bild, weder die Verdammten, noch die Geretteten, lächelt. Ein starker Christus mit Maria an seiner Seite weckt die Toten auf. Die Gerechten kommen in den Himmel, die Verworfenen fährt Charon in die Verdammnis.

Wir kennen heute aus Film und Fernsehen so viele Bilder des Grauens, dass uns das Bild jetzt nicht so beeindruckt, aber 1535 hat es die Menschen einfach überwältigt. Als das Bild 1544 zum ersten Mal der Öffentlichkeit gezeigt wurde, soll sogar der Papst auf die Knie gesunken sein und Jesus angefleht haben, ihn nicht für seine Sünden zu strafen.

Damit ist unsere Tour durch das ‚Reich des Papstes‘ am Ende angelangt.

Die Engelsburg - Mausoleum und Fluchtburg

Die Engelsburg (italienisch Castel Sant' Angelo oder Mausoleo di Adriano) wurde ursprünglich als Mausoleum für den römischen Kaiser Hadrian (117–138 n. Chr.) und seine Nachfolger errichtet.

Ab dem 10. Jahrhundert war die Engelsburg im Besitz der Päpste und diente als Zufluchtsort bei Gefahr. Sie ist durch den 1277 unter Papst Nikolaus III. erbaute Passetto di Borgo, einem oberirdischen etwa 800 m langer Verbindungsgang mit Apostolischen Palast in der Vatikanstadt verbunden. Dieser diente den Päpsten als Fluchtweg.

Die Gemäuer wurden in ihrer fast 1900-jährigen Geschichte mehrfach belagert, besetzt und als Kerker verwendet.

Seit 1901 wurde das Gebäude nicht mehr als Burg verwendet. Seit dem 13. Februar 1906 ist die Engelsburg ein Museum.

Die Legende

Der Name basiert auf einer Legende, die aus der berühmten Legenda aurea des Dominikanermönches Jacobus de Voragine aus dem 13. Jahrhundert stammt. Im Jahr 590, als Rom die Justinianische Pest erreichte, organisierte Papst Gregor I. eine Bußprozession der römischen Bevölkerung, die in sieben Zügen zur heutigen Santa Maria Maggiore zog. Der Legende entsprechend soll den Teilnehmenden über dem Grabmal Hadrians Erzengel Michael erschienen sein, der ihnen das Ende der Pest verkündete, indem er das Schwert des göttlichen Zorns in die Scheide steckte. In der Realität fand die Pest mit der Bußprozession jedoch nicht ihr Ende, 13 Jahre später wurde die Prozession – offenbar aus gegebenem Anlass – wiederholt.

Die Prozessionsteilnehmer gelangten tatsächlich nicht einmal in die Nähe des Hadrian-Mausoleums. Jedoch erinnert heute noch die Statue des Engels auf der Spitze des Gebäudes an jene Legende. Von 1577 bis 1752 stand dort oben ein von Raffaello da Montelupo geschaffener Engel aus Marmor, der heute im Innenhof, dem Cortile dell'Angelo, zu sehen ist. Dieser wurde 1752 durch die heutige, von Peter Anton von Verschaffelt entworfene Figur aus Bronze ersetzt.

Das Museum

Das Gebäude hat fünf Ebenen, von der untersten Ebene führt eine 122 m lange Rampe schraubenförmig aufwärts. In der zweiten Ebene gibt es das Gefängnis und Lagerräume für Weizen und Öl. Die dritte Etage ist die militärische mit zwei Innenhöfen. Vom Cortile dell'Angelo aus gelangt man in die päpstlichen Gemächer und ins Museum.

Auf der vierten Ebene befindet sich das Papstappartement, eine Raumfolge mit Fresken von Künstlern aus der Schule Raffaels sowie die Säle Pauls III., Clemens VII., Clemens VIII. und Leos X. Auch die Loggien von Giuliano da Sangallo und Donato Bramante sowie die Schatzkammer sind hier zu sehen. Clemens VII. ließ sich hier ein Privatbad einrichten. Der kleine Raum ist reich mit Darstellungen weltlicher Themen (Nymphen, Putten, Meeresgetier) in Freskotechnik bemalt. Das Badewasser floss ursprünglich aus einer nackten Venusfigur in die gemauerte Wanne. Diese Figur wurde später entfernt. Außerdem befindet sich auf dieser Ebene eine Cafeteria mit einem Ausblick über Rom.

Ganz oben kommt man schließlich auf die Terrasse, wo neben dem Bronzeengel die sogenannte Armsünderglocke (Campana della Misericordia) zu sehen ist, die an die Vergänglichkeit des Schönen und die Grausamkeit der Welt erinnert.

Öffnungszeiten Di-So 9-19:30 Uhr
Eintritt: 13 € + 6,50 € für die Ausstellung
18-25 Jahre 2 € +2 € für die Ausstellung
unter 18 Jahre kostenlos

Reservierungspflicht für Gruppen ab 15 Personen | ab 8 Personen ist die Führung mit Funkführungssystem verpflichtend
Lungotevere Castello, 50 00193 Roma
http://castelsantangelo.beniculturali.it

Neben der Engelsburg ist ein kleiner Park mit Bänken und Schatten, die zu einer Pause einladen.

Radio Vatikan - der Auslandsrundfunk des Heiligen Stuhles.

Radio Vatikan wurde 1931 unter Papst Pius XI gegründet, die Leitung des Senders wurde dem Jesuitenorden übertragen. Das Hauptsendezentrum wurde am vatikanischen Hügel eingerichtet. Am 12. Februar 1931 wurde um 16:30 Uhr mit der von Papst Pius XI. gesprochenen Botschaft die erste Sendung ausgestrahlt. Neben dem Radiobetrieb gehört ‚die Sicherung der Stimme des Papstes' zu den Hauptaufgaben, das heißt, dass alles, was der Papst öffentlich sagt, aufgezeichnet wird.

Derzeit sendet Radio Vatikan täglich in 40 Sprachen weltweit, dazu kommen 7 weitere Sprachen, in denen gelegentlich gesendet wird. Vier Themenbereiche informieren über die Aktivitäten des Papstes, des Heiligen Stuhls und der Ortskirchen und bieten Nachrichten aus aller Welt an. Für einige Länder ist das Radio eine der wenigen Möglichkeiten, sich über die Geschehnisse über die Landesgrenzen hinaus zu informieren.

Im Dezember 2017 ging Radio Vatikan in der multimedial ausgerichteten Internet-Plattform ‚Vatican News' auf. Das Angebot der Internetplattform umfasst Audios, Videos, Interaktion in Text und Bild – und das alles auf mehrsprachiger, multikultureller, multimedialer, Multi-Kanal und Multi-Device-Ebene.

Seit 1957 gibt es eine Sendeanlage nördlich von Rom. Die Zentrale befindet sich jedoch nach wie vor gegenüber der Engelsburg auf dem Gebiet des Vatikans.

Besuche bei Radio Vatikan

Ein Besuch bei Radio Vatikan ist immer ein besonderes Erlebnis. Gruppenführungen dauern in der Regel 1 Stunde und finden vorzugsweise donnerstags 9:30 Uhr statt. Einzelbesucher können unter Umständen abends um 17.45 Uhr eine Sendung verfolgen.

Piazza Pia 3, Nähe Engelsburg
https://www.vaticannews.va/de.html
Email : deutsch@vatiradio.va

Engelsbrücke - Ponte Sant'Angelo

Sie gehört mit zu den schönsten Brücken in Rom, die über den Tiber führt.

Den Namen trägt die Brücke, da sie direkt auf die Engelsburg zuführt. Die Engelsstatuen wurden aufgrund des Namens der Brücke geschaffen. Die zehn prachtvollen Engel im Barockstil wurden von Gian Lorenzo Bernini und seinen Schülern geschaffen, dessen Werke wir an vielen Orten bereits gesehen haben.

Die Engel tragen Symbole, die mit der Kreuzigung Jesu verbunden sind, u. a. das Kreuz, die Dornenkrone und die Lanze. Zwei der Statuen auf der Brücke sind allerdings nur Kopien. Die von Bernini stammenden Originale stehen heute in der Kirche Sant' Andrea delle Fratte.

Wenn ihr euch über die Brücke und durch die Menschenmassen geschlängelt habt, kommt ihr wieder ins Centro Storico.

Start
Ende
1
2
3
Colosseo
Cavour
Termini Laziali
Vittorio Emanuele
Manzoni
S. Bibia
Farini
Labicana
Colosseo/Salvi N.
Labicana/Merulana
Principe Eugenio/Manzoni
Porta S. Giovanni/Carlo Fel
Nuovo Mercato Esquilino
Parco di Traiano
Palazzo del Grillo
Largo Corrado Ricci
Arco di Tito
Piazza del Colosseo
Colle Palatino
Parco Celio
Curia dei Padri Passionisti
Villa Wolkonsky
Via Merulana
Via Liberiana
Via Napoleone III
Via Principe Amedeo
Via Cavour
Via Urbana
Via Cesare Bal
Via Milano
Via Panisperna
Via Cimarra
Via Mazzarino
Via Baccina
Via Sforza
Via Giovanni Lanza
Via in Selci
Via delle Sette Sale
Via del Fagutale
Via dei Fori Imperiali
Via Sacra
Viale del Monte Oppio
Viale Serapide
Viale della Domus Aurea
Via Labicana
Via di San Giovanni in Laterano
Via di San Gregorio
Via Capo d'Africa
Via Celimontana
Via Marco Aurelio
Via Annia
Via Claudia
Via dei Santi Quattro
Via di Santo Stefano Rotondo
Via Mecenate
Via Carlo Botta
Via Ruggero Bonghi
Via Ferruccio
Via Alfieri
Piazza Dante
Via Ariosto
Via Galilei
Via Tasso
Via Matteo Boiardo
Viale Manzoni
Via San Quintino
Via Statilia
Via Ludovico di
Via Umber
Via Foscolo
Via Cairoli
Via Bixio
Via Principe Eugenio
Via Luig
Via di Porta Tiburti
dei Cerchi

3-Kirchen-Tour: San Clemente, San Giovanni in Laterano, S. Maria Maggiore

In Rom gibt es über 900 Kirchen. Warum schauen wir uns gerade diese an? Dem Petersdom ist ein eigenes Kapitel gewidmet, einige Kirchen tauchen auch bei Orten der Stille oder anderen Führungen auf. Diese drei sind etwas Besonderes. Sie geben einen Einblick in die Entwicklung der Kirche und auch in die Geschichte von Rom. Außerdem kann man sie zu Fuß in einer halben Stunde besuchen.

Start: San Clemente

Anreise
Metro B bis Haltestelle Colosseo
Die Kirche befindet sich etwa 400 m von der Metrostation entfernt. Lauffaule nehmen die Tram 3 oder 8 bis Labicana und steigen quasi direkt vor der Kirche aus.

Ende: Santa Maria Maggiore
(Nähe Cavour + Termini)

San Clemente

Öffnungszeiten:
10 - 12:30 Uhr und 14 - 18:00 Uhr
Sonntags + Ferien: 12 - 18:00 Uhr

Eintritt: kostenlos

Eintritt in die Unterkirche
kostenlos für Jugendliche unter 16 Jahren in Begleitung 1 Erwachsenen; 5 € unter 26 Jahren mit Studentenausweis + Schulgruppen
10,-€ normaler Eintrittspreis

San Clemente wird vom irischen Dominikanerorden unterhalten. Es gibt eine ausgezeichnete Website in Italienisch und Englisch: www.basilicasanclemente.com

San Giovanni in Laterano

Öffnungszeiten:
Basilika 7-18:30 Uhr, kostenlos
Kreuzgang 9-18:00 Uhr, Eintritt: 5,-€
Baptisterium 7-12:30 + 16-19 Uhr, kostenlos

Papstkapelle Sancta Santorum
8:00 - 12:00 Uhr + 16:00 - 18:00 Uhr;
So + Feiertagen geschlossen, Eintritt € 3,50

Gruppen benötigen vorherige Anmeldung
E-Mail: scalasantaroma@gmail.com
Schatzkammer: 10 - 17:30 Uhr; Eintritt 3,-€

Auf der linken Seite in der Basilika befinden sich Toiletten.
Sicherheitskontrollen: keine Glasflaschen, Messer, Waffen, Spraydosen

Santa Maria Maggiore

Öffnungszeiten: 7:00 – 19:00 Uhr, kostenlos
Sicherheitskontrollen: keine Glasflaschen, Messer, Waffen, Spraydosen

Schneewunder:
Zur Erinnerung an das Schneewunder regnet es am 5. August am Ende in allen Gottesdiensten weiße Rosenblätter.

1 San Clemente

Von außen sieht San Clemente wie eine von vielen frühen Kirchen in Rom aus. Im Inneren findet ihr jedoch einiges, das ihr in dieser Stadt sonst nicht findet: Hier kann man quasi eine Tour durch die Geschichte Roms machen.

Zunächst kommt ihr in einen prächtig ausgestatteten Innenraum, der euch ins Mittelalter versetzt. Es gibt nur wenige andere Kirchen in Rom, wo das möglich ist, denn die meisten römischen Kirchen sind in der Renaissance bzw. im Barock stark dem Geschmack der Zeit angepasst worden.

San Clemente oder Basilica San Clemente al Laterano, wie sie mit vollem Namen heißt, wurde vermutlich zwischen 1108–1128 gebaut und zwischen 1715 und 1719 im barocken Stil umgestaltet. Trotzdem bekommt man hier einen sehr guten Eindruck, wie frühchristliche Kirchen aussahen. Durch ein Atrium, wo eine Brunnenschale aus dem 18. Jahrhundert als Nachfolger der frühchristlichen Reinigungsschalen steht, betritt man den klein wirkenden Innenraum. Das Mosaik über der Apsis fällt sofort ins Auge. Es stammt aus dem frühen 12. Jahrhundert und stellt einen Lebensbaum (Acanthus) dar, der aus dem Kreuz wächst. Die Zahl der Tauben und Schafe verweist auf die Apostel. Oben befindet sich Christus mit den vier apokalyptischen Wesen, am unteren Rand der Paradiesgarten und die vier Paradiesflüsse.

Unterkirche

Die Reise in die Geschichte führt in den Untergrund. Zunächst kommt man in die Räume der frühchristlichen Basilika ‚Titulus Clementis' aus dem 4. Jahrhundert. Sie wurde von den Normannen 1084 zerstört und geplündert und erst 1857 wieder ausgegraben. Besonders interessant sind die Wandmalereien, die einen Teil der Clemens-Legende zeigen.

Mithrasheiligtum

Ein Stockwerk tiefer befinden sich Gebäudereste aus der Kaiserzeit und ein Mithräum, also ein Tempel, in dem Mithras gehuldigt wurde. Das Mithräum ist ein sechseckiger Raum mit 11 Lichtöffnungen. Sie stehen für die damals bekannten 7 Planeten und für die Jahreszeiten. Der Altar zeigt ein Relief des Mithras, der den Stier tötet – allerdings sind die Lichtverhältnisse dort unten nicht sehr gut.

Katakomben & Haus des Tutus Flavius

Durch eine während der Ausgrabungen in die Außenmauer geschlagene Tür betritt man das Haus des Titus Flavius Clemens. Am Ende der Räume befindet sich eine kleine Katakombe mit 16 Gräbern, denn nach der Plünderung Roms durch Alerich wurde das Verbot, Gräber in der Stadt anzulegen, nicht mehr beachtet. Im letzten Raum sieht und hört man eine Quelle sprudeln.

Nun machen wir uns auf den Weg zur der 2. Kirche unserer Tour. Ihr könnt nun eine Station mit der Tram fahren - einfacher und schneller geht es zu Fuß: Man geht die Via di Giovanni in Laterano weiter. Nach ca. 10 min seid ihr an der Kirche San Giovanni in Laterano, der Lateranbasilika .

2 San Giovanni in Laterano

Piazza di Porta San Giovanni

Auf der Piazza di Porta San Giovanni fällt sofort der gewaltige Obelisk auf. Er ist der Größte der 14 Obelisken, die es in Rom gibt und misst 34 Meter. Ursprünglich stand er als Wendemarke für Pferderennen im Circus Maximus. Er wurde auf einem Spezialschiff nach Rom gebracht, dass von 300 Männern gerudert wurde, wie Ammianus Marcellinus schreibt.

San Giovanni in Laterano ist die Bischofskirche des Papstes als Bischof von Rom. Der Papst ist nämlich nicht nur das Oberhaupt der römisch-katholischen Kirche, sondern eben auch römischer Ortsbischof. Wenn er als Bischof von Rom auftritt, dann ist nicht Sankt Peter im Vatikan, sondern diese Kirche sein Bischofssitz. Jeder Papst begibt sich nach seinem Amtsantritt in einem Festzug von Sankt Peter zu San Giovanni, um die Kirche ‚in Besitz zu nehmen'. Noch bis zum 19. Jahrhundert wurden die Päpste hier gekrönt.

Papstpalast

Neben der Kirche befand sich bis 1309 der Papstpalast, dessen Reste in der Kapelle *Sancta Sanctorum* und der *Heiligen Treppe*, der Scala Santa, besichtigt werden können (siehe S. 43).

1586 wurde der heutige an die Kirche angebaute Lateranpalast als päpstliche Sommerresidenz wieder errichtet. Der Sitz des Papstes wurde in den Vatikan verlegt, weil dieser Gebäudekomplex einfacher zu verteidigen war - das Leben in Rom war nicht immer so sicher wie heute.

Vorraum der Basilika

Wir betreten nun den Vorraum der Basilika und sehen auf der linken Seite ein großes Standbild Kaiser Konstantins, des römischen Kaisers, der als erster das Christentum annahm. Er schenkte der Kirche den Grund, auf dem diese Kirche von 313 bis 318 gebaut wurde. Die Kirche selbst besteht aus drei Längshallen, getrennt durch Säulen. Schon von weitem seht ihr das Mosaik in der Apsis, der halbkreisförmigen Nische am Ende der Kirche.

Fresco von Giotto

Wenn ihr in Richtung Altar geht, ist die zweite Säule von rechts besonders interessant. Das Fresco des Malers Giotto di Bondone zeigt Papst Bonifatius VIII, wie er das Heilige Jahr 1300 ausruft.

Vorne angekommen steht ihr vor einem der ältesten Altäre in der Geschichte der Kirche. Der Altar ist heute vergoldet, aber innen befindet sich ein Holzaltar, auf dem, so sagt man, schon der Apostel Petrus und die ersten Päpste die Messe gefeiert haben. Über diesem Altar werden in einem Ziborium, einer Art Baldachin, angeblich die Schädel von Petrus und Paulus aufbewahrt.

Mosaik in der Apsis

Das Mosaik über der Apsis zählt zu den schönsten und ältesten in Rom. Es wurde um 450 herum gelegt. Für die Gläubigen dieser Zeit muss es ein überwältigender Anblick gewesen sein, der Christus oberhalb des Kreuzes scheint einem auch heute noch ins Herz zu blicken.

Kreuzgang

Wenn ihr noch Zeit und 5 Euro übrighabt, besucht den Kreuzgang. Er gehört zu unseren Lieblingsorten in Rom. Der Eingang ist ein wenig versteckt auf der linken Seite. Er gilt als einer der schönsten Kreuzgänge Roms und lädt zu einem Moment der Ruhe, ohne WhatsApp und Facebook, ein.

Baptisterium

Auch das achteckige Baptisterium lohnt einen Besuch. Es ist wohl die älteste Taufkapelle der Christenheit, man kann sich kaum vorstellen, wie viele Kinder und Erwachsenen dort schon getauft wurden. Es wurde um 315 von Kaiser Konstantin errichtet und Mitte des 5. Jahrhunderts achteckig umgebaut.

Scala Santa

Wenn man San Giovanni verlässt, sieht man links die berühmte Scala Santa, die ‚heilige Treppe'. Sie führt zur Cappella

Sancta Sanctorum, einer Privatkapelle der Päpste, als sie noch vom Lateran aus regierten. Die Stufen dieser Treppe stammen angeblich vom Amtssitz des Pontius Pilatus. Die Treppe ist heute zum Schutz gegen Zerstörung mit Holz ummantelt, aber auf der 2., 11. und 28. Stufe wurde jeweils ein Sichtfenster offengelassen, durch das man die angeblichen Blutstropfen Christi sehen kann. Die Kirche gewährt jedem Pilger, der die Stufen auf den Knien erklimmt und auf jeder Stufe ein Vater unser betet, einmal pro Jahr beziehungsweise zu bestimmten Feiertagen einen Generalablass, das heißt die Vergebung aller Sünden.

3 Santa Maria Maggiore

Die dritte Kirche, die wir uns auf dieser Erlebnistour ansehen wollen, Santa Maria Maggiore, kann man von der Lateranbasilika aus schon sehen. Wenn man den Platz vor der Basilika überquert und die Via Merulana hinunterschaut, sieht man auf die, wie viele Römer meinen, schönste Kirche Roms.

Die Basilika ist die größte der über 40 Marienkirchen Roms, sie wird deshalb Maria Maggiore (die größere) genannt.

Legende

Der Legende nach verdankt die Kirche ihre Existenz dem sogenannten ‚Schneewunder': Maria erschien in der Nacht auf den 5. August 352 dem römischen Kaufmann Johannes und seiner Frau und versprach, dass ihr Wunsch nach einem Sohn in Erfüllung ginge, wenn ihr zu Ehren eine Kirche an der Stelle errichtet würde, wo am nächsten Morgen Schnee läge. Das Ehepaar begab sich daraufhin zu Bischof Liberius, der denselben Traum hatte. Am nächsten Morgen lag auf der höchsten Erhebung des Esquilinhügels Schnee. Deshalb trägt diese Kirche bis heute auch das Patrozinium ‚Santa Maria ad Nives' (deutsch: Maria Schnee). Zur Erinnerung findet seit einigen Jahren am Abend zum 5. August eine große Show mit Lichteffekten und klassischer Musik statt, bei der die Illusion von Schnee am sommerlichen Himmel erzeugt wird. Ausgrabungen belegen allerdings, dass sich diese erste Kirche wahrscheinlich auf einem anderen Platz auf dem Esquilin Hügel befand. Die Kirche, in der wir heute stehen, wurde am 5. August 434 von Papst Sixtus III geweiht. Da Santa Maria Maggiore kaum umgebaut wurde, könnt ihr hier den Charakter der frühchristlichen Kirche gut nachempfinden. Es ist auch die einzige Kirche, in der - seit über 1500 Jahren - täglich mindestens ein Gottesdienst gefeiert wird. Der Glockenturm ist mit 75 Metern der höchste in Rom.

Mosaike in der Apsis

Ein besonderes Augenmerk verdienen die Mosaiken in der Apsis. Sie gehören zu den wenigen fast vollständig erhaltenen Mosaiken in christlichen Kirchen aus dem 5. Jahrhundert. Sie wurden vermutlich um 1296 von Jacopo Tortie geschaffen und zeigen Maria, die von Jesus gekrönt wird, wobei sich Mutter und Sohn erstaunlich ähnlich sehen. Die blaue Aureole enthält 89 Sterne: Zahlenmystik, die auf den 8. September, den Geburtstag Mariens, hinweist.

Säulen

Die vierzig Säulen, die die Decke tragen, waren wohl ‚Bauschutt' aus dem alten Rom. Das Gold an der Decke stammt angeblich von den ersten Schiffen, die aus Amerika zurückkamen. Ihr könnt hier auch die Gräber von einigen Päpsten finden: Honorius III. (1216–1227), Nikolaus IV. (1288–1292), Pius V. (1566–1572), Sixtus V. (1585–1590), Clemens VIII. (1592–1605), Paul V. (1605–1621) und Clemens IX. (1667–1669) sind hier beerdigt.

Hier endet unsere Erlebnistour.

Nun habt ihr einen guten Überblick über den Kirchenbau in der Frühzeit und auch zu den Bildern, die damals den Glauben verkörperten. Vielleicht habt ihr bemerkt, dass Christus auf den Darstellungen fast immer als junger, kräftiger Mann erscheint – heute würde man vielleicht sagen als Siegertyp. Das Bild des leidenden, schmerzhaften Jesus hat sich erst viel später im Mittelalter durchgesetzt. In der Frühzeit glaubte man noch an die baldige Wiederkehr des Siegers Jesus Christus.

Il Villaggio degli Ebrei – das römische Ghetto

übersetzt ‚Dörfchen der Juden‘ klingt viel harmloser als ‚Ghetto‘, bei dem man an Judenverfolgung und Antisemitismus denkt. Auch das römische Ghetto hat eine dunkle Geschichte, der man nachspüren und die man nicht vergessen sollte. Das Ghetto war jedoch auch ein Ort, an dem Menschen unterschiedlichster Schichten zusammenlebten - das ist es auch heute noch: froh, bunt und interessant.

Start + Ende
Jüdische Synagoge, Via Catalana

Anreise
Bus 40/64 bis "Argentina" + 500m
Bus H "Dei Capasso" bis "Foro Olitorio"
23/280 bis P.za Monte Savello
Metro B bis Haltestelle „Circo Massimo“
+ Bus 81/118/160/628 bis "Petroselli"

Dauer: ca. 1,5 Stunden

Wenn ihr bereits vom Gianicolo aus über Rom geschaut habt, ist euch vielleicht eine Kuppel aufgefallen, die anders aussieht als die vielen runden Kuppeln: Sie ist viereckig und viel heller, denn sie besteht aus Aluminium. Es ist die große Synagoge von Rom, auf Italienisch ‚Tempio Maggiore di Roma‘.

Rom ist vermutlich der älteste jüdische Siedlungsgrund in Europa. Schon im 1. Jahrhundert vor Christi lebten hier Juden, damals allerdings noch in Trastevere. Zur Zeit von Augustus lebten bis zu 10.000 Juden in Rom, deren Glaube wie viele andere Religionen und Kulturen toleriert wurde. Es mag auch damit zu tun haben, dass es schon immer viele gute jüdische Ärzte gab, noch Papst Leo XIII. (1888-1904) hatte einen jüdischen Leibarzt.

Das eigentliche Ghetto, das wir jetzt erkunden wollen, entstand erst im 16. Jahrhundert. Der Name ‚Ghetto‘ kommt übrigens aus dem Italienischen. Das erste Ghetto gab es in Venedig und war das Viertel neben einer Eisengießerei. Das italienische Wort für Metallguss ‚ghetto‘ gab dem Viertel den Namen.

Ursprünglich war hier ein kleines Dorf, das sich vom Tiber über das Marcellus-Theater bis zur Via Portico d'Ottavia erstreckte. Das Ghetto entstand auf Befehl von Papst Paul IV., als das Gebiet mit einer Mauer umgeben wurde, deren zwei Tore morgens geöffnet und abends geschlossen wurden. Seit diesem Zeitpunkt wurden Juden in Rom auch farblich durch rote Jacken oder Röcke kenntlich gemacht. Die Markierung der Juden wie der gelbe Judenstern der Nazis hat also eine lange Geschichte.

Tempio Maggiore di Roma

Wir beginnen unseren Spaziergang an der jüdischen Synagoge. Wer sie besuchen möchte, kann sich ein Ticket für das recht interessante Museum kaufen, der Besuch der Synagoge ist nur im Rahmen einer Führung möglich.

Die Öffnungszeiten liegen So bis Do zwischen 9/10:00 und 16:30/19:00 je nach Jahreszeit und Freitag von 9:00 - 14:00.
Konkrete Öffnungszeiten:
https://museoebraico.roma.it/en/information/
Eintritt: unter 10 Jahre frei, 11-25 Jahre mit Schüler-Studentenausweis 6 €; Erwachsene 11 €

Gehen wir also ins ehemalige Ghetto.

Start
Ende
1
2
3
Circo Massimo
M
Via delle Botteghe Oscure
Via Florida
Via di San Marco
Piazza dei Calcarari
Largo di Santa Lucia Filippini
Fondazione Museo della Shoah
Via di Sant'Anna
Largo Arenula
Via Arenula
Santi Biagio e Carlo ai Catinari
Via Giovanni Borgi
Via del Monte della Farina
Via dei Chiavari
Vicolo de' Catinari
Via degli Specchi
Piazza di San Salvatore in Campo
Chiesa di Santa Maria in Monticelli
Via della Seggiola
Piazza Cenci
Palazzetto Cenci
Palazzo Cenci Bolognetti
Via Monte de' Cenci
Via Beatrice Cenci
Via delle Zoccolette
Arenula/Cairoli
Arenula/Min. G. Giustizia
Via in Publicolis
Palazzo Santacroce
Piazza Costaguti
Via di Santa Maria de' Calderari
Via dei Falegnami
Via Paganica
Palazzo Caetani
Palazzo Giacomo Mattei
Via Michelangelo Caetani
Aldo Moro
Jewish Ghetto
Via della Reginella
Via Elio Toaff
Via Catalana
Largo Stefano Gaj Taché
Via del Tempio
Tempio Maggiore di Roma
Lungotevere De' Cenci
Convento di Sant'Ambrogio alla Massima
Case dei Fabi
Via del Portico d'Ottavia
Largo 16 Ottobre 1943
Torre dei Grassi
Portico d'Ottavia
Via del Foro Piscario
Temple of Apollo Sosianus
Area archeologica del Teatro di Marcello
Palazzo Orsini
Via di Monte Savello
Piazza Lovatelli
Palazzo Lovatelli
Via di Sant'Angelo in Pescheria
Via della Tribuna di Campitelli
Santa Maria in Portico in Campitelli
Via dei Delfini
Via Cavalletti
Vicolo Capizucchi
Palazzo Cavalletti
Palazzo Albertoni
Piazza di Campitelli
Via Capizucchi
Palazzetto di Flaminio Ponzio
Via Montanara
Via del Teatro di Marcello
Crypta Balbi
Chiesa di Santo Stanislao dei Polacchi
Via dei Polacchi
Piazza Margana
Via Margana
Via di Tor Margana
Vicolo Margana
Vicolo degli Astalli
Via di San Venanzio
Via Torre Argentina
Venezia
Via di Villa Caffarelli
Rampa Caffarelli
Via di Monte Caprino
Via della Grotta Pinta

Vom Tiber kommend gehen wir links neben der Synagoge in die Via del Tempio und laufen bis zur Via del Portico d'Ottavia. Das ist heute gewissermaßen die Hauptschlagader des Viertels. Hier gibt es Geschäfte und Restaurants, die meistens allerdings recht teuer sind. Schaut euch ein wenig um.

1 Fontana delle Tarturghe

Nun biegen wir bei der Taverna del Ghetto, fast gegenüber der Via del Tempio, in eine schmale Gasse ein, die uns zur Piazza Mattei und damit zum Schildkrötenbrunnen, der Fontana delle Tarturghe, bringt. Dieser Brunnen ist der schönste römische Renaissance-Brunnen. Er wurde 1581 gebaut und wird - wie der Trevibrunnen und der 4-Flüsse-Brunnen - von der Acqua Vergine gespeist. Das Wasser ist so frisch, dass man es sogar trinken kann.
Die Schildkröten bekam der Brunnen allerdings erst 1658 und werden Bernini zugeschrieben. Nachdem 1979 eine Schildkröte gestohlen wurde, hat man danach auch alle anderen durch Kopien ersetzt.

2 Palazzo Mattei di Giove

In den Innenhöfen des Palazzo Mattei di Giove, die während der Institutsöffnungszeiten Mo - Fr. 8:00-17:30 frei zugänglich sind, wartet die Antikensammlung des Herzogs darauf, entdeckt zu werden. Unter freiem Himmel finden sich hier eine Vielzahl an antiken Statuen und Büsten an reichlich verzierten Fassaden, angelehnt an Pfeiler, Pilaster oder an das Mauerwerk gelehnt.
Man erreicht sie über die Via Caetani 32; das Maß an Touristen ist gering.

3 Marcellus Theater

Werfen wir noch einen Blick auf das Marcellus Theater, oder auf das, was noch davon übrig ist. Es war einst das größte Theater Roms, wurde 13 vor Chr. fertiggestellt und fasste bis zu 15.000 Zuschauer. Es war das Vorbild für das Kolosseum.
Für den Bau wurden damals zwei kleinere Tempel abgerissen. Im 16. Jahrhundert wurde auf den Fundamenten des Theaters ein Palazzo im Renaissancestil errichtet, den 1712 die römische Adelsfamilie Orsini übernahm. Noch heute ist dieser Zustand erhalten und das Theater bewohnt.

Das Theater kann von außen kostenfrei besichtigt werden.
Öffnungszeiten:
Sommer 9-17:00 | Winter 9-18:00

Noch ein paar Bemerkungen zum Ghetto:
Die Mauern, die das Ghetto umgaben, verschwanden erst im Jahr 1870. In den 330 Jahren davor gaben sich die Vertreter der Kirche alle Mühe, den Juden das Leben schwer zu machen.
Als am 13. April 1986 zum ersten mal ein Papst die römische Synagoge betrat, war das für die Juden in Rom ein Moment der Freude und Genugtuung.
Trotz aller Touristen und der hohen Preise kann man im Ghetto auch heute noch spüren, dass hier viele Menschen aus unterschiedlichen Kulturen zusammen leben, arbeiten und feiern. Vor allem am Abend ist es einen Besuch wert.

Trastevere: Vom Armenviertel zum Szeneviertel

Vor mehr als 2000 Jahren quasi das St. Pauli von Rom lädt Trastevere mit seinen mittelalterlichen Gassen, seinen Bars und Trattorieen und seinen sonnigen Plätzen zum Bummeln ein. Nebenbei gibt es einiges anzusehen.

Start: Santa Maria in Cosmedin
Piazza della Bocca della Verità, 18

Anreise
Metro B bis Haltestelle „Circo Massimo“
+ Bus 81/118/160 bis "Petroselli"

Ende: Terrazza del Gianicolo
Abreise Busse 115/870

Dauer: ca. 2 Stunden

Trastevere kommt vom lateinischen ‚trans tiberium‘ und bedeutet so viel wie ‚jenseits des Tibers‘. Im Altertum war Trastevere der einzige Stadtteil Roms, der auf der anderen Seite des Tibers lag.

Es war ein bunt gemischtes Völkchen, das dort wohnte: Menschen aus verschiedenen Ländern, Handwerker und Seeleute. Der Hafen Roms, wo die Boote mit den Waren aus Ostia anlegten, befand sich nämlich genau gegenüber von Trastevere. Dort beginnen wir unseren Spaziergang:

1 Bocca della Verità

In der Vorhalle der Kirche Santa Maria in Cosmedin, vor dem Eingang auf der linken Seite, befindet sich der Bocca della Verità, der Mund der Wahrheit. Es ist eine große, runde Marmorplatte, die einen Gott darstellt - wen genau, Oceanos, Triton oder Taunus, ist nicht bekannt.

Viel interessanter ist die Geschichte zu dieser 1200 Jahre alten Steinplatte:

Wenn man die Hand in den Mund steckt und eine Lüge ausspricht, so soll der Gott einem die Hand abbeißen – heißt es. Im Mittelalter wurde er sogar bei Gerichtsverfahren, quasi als Lügendetektor, verwendet.

In Wirklichkeit war die Runde Platte aber wahrscheinlich ein Kanaldeckel auf der Cloaka Maxima, zu der wir gleich kommen.

Gehen wir aber zunächst kurz in die Kirche, bevor wir uns in das Getümmel von Trastevere stürzen.

Santa Maria in Cosmedin
ist die einzige orthodoxe Kirche in Rom. Diese schöne, kleine Kirche wurde im 8. Jahrhundert auf den Resten einer Säulenhalle errichtet. Einige Säulen in der Kirche sind noch diesen Ursprungs. Es ist ein sehr schlichter Innenraum mit großartigen Mosaiken in der Apsis und einem interessant gemusterten Boden. Nachdem die meisten Touristen, die den Bocca della Verità besuchen, die Kirche links liegen lassen, ist es vor allem ein Ort der Ruhe. Sollte die Krypta offen sein, was leider selten vorkommt, so ist auch sie einen Besuch wert.

Öffnungszeiten:
Kirche 9:30-18 Uhr, Eintritt frei
Bocca della Verità 9:30 -13:00 | 14-17:50

Start
1
2
3
4
5
Via di San Giovanni Decollato
Bocca della Verità
Via della Greca
Greca
Parco Savello
Clivo di Rocca Savella
Lungotevere Aventino
Lungotevere dei Pierleoni
Vico Jugario
Via di Monte Caprino
Via di Villa Caffarelli
Palazzo Caffarelli
Casa Tarpea
Belvedere Tarpeo
Arco di Giano
Insula Volusiana
Via Bucimazza
Casina dei Pierleoni
Foro Olitorio
P.za Monte Savello
Petroselli
Via Montanara
Area archeologica del Teatro di Marcello
Largo 16 Ottobre 1943
Museo Ebraico di Roma
Largo Stefano Gaj Taché
Via Catalana
Ponte Fabricio
Ponte Cestio
Isola Tiberina
Ponte Emilio
Ponte Palatino
Basilica di San Bartolomeo all'Isola
Tevere
Lungotevere Ripa
Pista ciclabile del Tevere
Via Pietro Peretti
P.za Castellani
Via Titta Scarpetta
Via dei Salumi
Via Anicia
Anicia
Basilica di Santa Cecilia in Trastevere
Via dei Genovesi
Via del Porto
Via di San Michele
Chiesa di Santa Maria dell'Orto
Lungotevere degli Anguillara
Lgt De' Cenci
Lgt De' Cenci/Arenula
Arenula/Min. G. Giustizia
Via Arenula
Ponte Garibaldi
Belli
Lgt Sanzio/Filippieri
San Crisogono
Via di S. Gallicano
Via della Luce
Piazza Mastai
Trastevere/Mastai
Viale di Trastevere
Chiesa di San Paolo alla Regola
Chiesa di Santa Maria in Monticelli
Via delle Zoccolette
Lungotevere dei Vallati
Centro di ascolto per stranieri
Via della Renella
Lungotevere Raffaello Sanzio
Ponte Sisto
Via delle Fratte di Trastevere
Via di S. Cosimato
Via della Paglia
Via Luciano Manara
San Cosimato
Ospedale

Wir verlassen nun die Kirche und gehen durch einen kleinen Park zur Ponte Palatino. Der Park war früher das ‚Forum boarium', sprich der Rindermarkt Roms. Der kleine runde Tempel, den ihr seht, ist dem Herkules geweiht, der rechteckige dem Gott Portunos, dem römischen Hafengott.

2 Ponte Rotto

Von der Brücke hat man einen schönen Blick Tiber aufwärts. Was einem zunächst ins Auge fällt, ist die ‚Ponte Rotto', die kaputte Brücke. Es sind die Überreste einer der ersten Steinbrücken Roms, die bei einer Überschwemmung des Tibers zerstört wurde, der Rom früher regelmäßig unter Wasser setzte.

3 Cloaka Maxima

Das große Loch in der Mauer, das ihr auf der südlichen Seite des Tibers seht, ist übrigens die Mündung der Cloaka Maxima, mit deren Hilfe zum einen der Sumpf zwischen den sieben Hügeln trocken gelegt wurde, und die zum anderen der erste Abwasserkanal der ‚Großstadt Rom' im Altertum war.

Auf der Insel befindet sich das ehemalige Hospiz San Michele, das als Waisenhaus, Armen-, Arbeitshaus und Gefängnis diente. Es ist, nebenbei bemerkt, das längste Gebäude Roms und ist heute zweiter Sitz des Kultusministeriums.

<u>Nun geht's aber über die Brücke und auf nach Trastevere.</u>

Lassen wir uns erst einmal ein wenig treiben ... Piazza Castellani ... Via Titta e Scarpa ... Via del Salumi ... Vicolo dell Atleta ...

In diese Gegend verirren sich nicht so viele Touristen, hier kann man noch etwas vom ‚echten' Trastevere spüren. Besonders in der Vicolo dell' Atleta wird das römische Mittelalter spürbar.

Natürlich ist Trastevere heute auch ein Anziehungspunkt für Touristen. Wenn es hier hoch hergeht, feiern eher ein paar junge Leute aus aller Welt als die Einheimischen, die sich immer noch ‚Noantri', also ‚wir anderen', nennen.

4 Santa Cecilia in Trastevere

Am Ende des Vicolo biegen wir rechts in die Via dei Genovesi ein. Nach wenigen Metern taucht links die Kirche Santa Cecilia in Trastevere auf. Die Kirche ist der Heiligen Cäcilia gewidmet, die hier ihr Martyrium erlitt. Sie und ihr Mann hatten sich zum Christentum bekehrt und halfen, hingerichtete Christen zu beerdigen, was jedoch verboten war. Zur Strafe tauchte man Cäcilia in kochendes Wasser, was ihr jedoch nichts anhaben konnte. Auch der Versuch, sie zu enthaupten, misslang. Schwer verwundet lebte Cäcilia noch drei Tage und verteilte ihren Besitz unter den Armen.

Der Legende nach wurde die Kirche direkt über ihrem Wohnhaus errichtet.

Öffnungszeiten: täglich 10-13:00 | 16-20:00

Basilica San Crisogno

Wir gehen die Via Genovesi weiter und kreuzen die Viale di Trastevere. Rechts seht ihr die Basilica San Crisogno, dort fand angeblich der Hirt Faustinus die Zwillinge Romulus und Remus, die sagenhaften Gründer Roms.

5 Basilika Santa Maria in Trastevere

Über die Via Luciano Manara und die Via Cosimato kommen wir auf die Piazza di Santa Maria. Diese Kirche ist vermutlich die erste, in der Christen in Rom öffentlich Gottesdienst feiern konnten. Zudem ist es die erste Kirche in Rom, die der Heiligen Maria geweiht wurde. Die Kirche, wie sie heute da steht, ließ Papst Innozenz II. im 12. Jahrhundert auf dem Fundament der frühchristlichen Basilika errichten.

Besonders schön sind die Mosaiken in der Apsis: Neben der Darstellung von Jesus und Maria wird vor allem das Leben Marias in den Bildern erzählt. Anders als in den ersten beiden Kirchen, die wir besucht haben, herrscht hier allerdings immer Trubel.

Öffnungszeiten: täglich ca. 7.30 - 20.00;
Im August zwischen 13-15:00 geschlossen

6 Terrazza del Gianicolo

Zum Abschluss unseres Spaziergangs wollen wir noch auf den Gianicolo steigen und den wunderbaren Blick über Rom genießen. Über die Via della Puglia geht es zur Via Garibaldi und dann – gegenüber des Brunnens Acqua Paola – rechts in die Passegiata del Gianicolo. Solltet ihr kurz vor 12 Uhr mittags auf dem Gianicolo ankommen, könnt ihr dabei sein, wenn die Mittagskanone abgefeuert wird.

Von der Terrazza del Gianicolo kann man an klaren Tagen bis in die Albaner Berge schauen.

Tipp: Von hier aus ist es gar nicht weit zur Villa Doria Pamphilj, einem großen Park, der zum Ausruhen und Spielen einlädt. (siehe „Villen und Parks“ auf S. 91).

Savoia - Aosta Galleria Principe Amedeo Savoia
Via del Gianicolo
Amedeo
Tassoni
Via dei Banchi Nuovi
Via dei Cimatori
Palazzo
Medici
Clarelli
Orat
dei Fil
Vicolo di Sant'Onofrio
Salita di Sant'Onofrio
Lungotevere dei Sangallo
Via dei Banchi Vecchi
Piazza Sforza
Cesarini
Vicolo Cellini
Via dei Cartari
Via del Gianicolo
Pontificio
Collegio
Americano
del Nord
Ospedale
Bambino
Gesù
Via del Gianicolo
Pista ciclabile del Tevere
Lungotevere Gianicolense
Via Bravaria
Via Giulia
Palazzo
Incoronati
de Planca
Piazza De
Ricci
Tevere
Via degli Orti d'Alibert
Ponte
Giuseppe
Mazzini
Collegio
Sacerdotale
Tiberino
Via delle Mantellate
Via della Lungara
Batelli di Roma
Piazzale
del Faro
Faro Gianicolo
Vicolo di San Francesco di Sales
Via di San Francesco di Sales
Via della Penitenza
Via dei Riari
Pista ciclabile del Tevere
Lungotevere della Farnesina
Villa
Farnesina
Via della Lungara
Viale delle Mura Aurelie
Via Nuova delle Fornaci
Piazzale
Anita Garibaldi
Villa
Lante
Orto dei
Semplici
Via dei Riari
Serra
monumentale
Belvedere
9 Febbraio
1849
Viale delle Palme
Via Corsini
Vicolo
Conifere
Giardino
degli Aromi
Gianicolo
6
Orto Botanico
Viale del Parco di Villa Corsini
Terrazza
del Gianicolo
Via della Scala
Giardino
Giapponese
Via Garibaldi
Via del Mattonato
Viale delle Mura Aurelie
Passeggiata del Gianicolo
Passeggiata del Gianicolo
Via dei Panieri
Pontificio
Collegio
S. Pietro
Apostolo
Vincenzo
Giober
Via di Porta San Pancrazio
Vicolo della Frusta
Via delle Fornaci
Villa
Magnolia
Relais
Villa
Aurelia
Ambasciata
di Spagna
Via Goffredo Mameli
Angelo
Brunetti
detto Ciceuracchio
Via Garibaldi
Via Garibaldi
Via Garibaldi
Via Giacomo Medici
Via Angelo Masina
Via Luciano Manara
Roma XIII

Start
Circo Massimo
Aventino/Circo Massimo
1
Piazzale Ugo La Malfa
Rome Rose Garden
Roseto di Roma Capitale
Via del Circo Massimo
Clivo dei Publicii
Via di Santa Sabina
Piazza Fiorenzo Fiorentini
2
Convento Santa Sabina
3
Piazza Pietro d'Illiria
Via Sant'Alberto Magno
Piazza di Sant'Alessio
Piazza dei Cavalieri di Malta
4
5
Badia primaziale
Via di Porta Lavernale
Giardino Romano Radici
Parco della Resistenza dell'otto Settembre
Porta S. Paolo
Ende
6
Lungotevere Aventino
Tevere
Ponte Sublicio
Municipio Roma XII
Municipio Roma I
Emporio
Via di San Michele
Via Amerigo Vespucci
Via Giovanni Branca
Marmorata/Vanvitelli
Via Marmorata
Marmorata/Galvani
Via Luca della Robbia
Via Aldo Manuzio
Via Ginori
Via Nicola Zabaglia
Via Alessandro Volta
Via Galvani
Via Florio
Via Lorenzo Ghiberti
Nuovo Mercato Testaccio
Via di Sant'Alessio
Via di Santa Melania
Via Icilio
Via di Sant'Anselmo
Via Marcella
Piazza Albina
Via delle Terme Deciane
Via della Fonte di Fauno
Via Licinia
Viale Aventino
Aventino/Albania
Via Baldassarre Peruzzi
Via Aventina
Via Pirro Ligorio
Via di San Saba
Viale della Piramide Cestia
Via Annia Faustina
Via Bramante
Viale Giotto
Viale di Porta Ardeatina
Via di Villa Pepoli
Via di Santa Balbina

Santa Sabina, der Aventin und andere Hügel

Der Aventin ist einer der noch als Erhebung sichtbaren Hügel Roms, der zweifellos einen Besuch wert ist. Wer schon auf dem Capitol oder dem Palatin (Führung) oben war, hat ihn sicher schon wahrgenommen. Er liegt dem Palatin quasi gegenüber auf der anderen Seite des Circo Massimo.

Start: Circo Massimo

Anreise
Metro B bis Haltestelle „Circo Massimo“

Ende: Porta S. Paolo/Piramide (Metro B)

Dauer: ca. 2 Stunden

1 Rosengarten

Von der Metrostation „Circo Massimo“ laufen wir die Viale Circo Massimo vor, gehen an der Piazzale Ugo la Malfa links. Direkt nach der Biegung liegt der Rosengarten der Stadt Rom – zur Zeit der Rosenblüte ein echtes Erlebnis.

Rosengarten, Via di Valle Murcia 6:
Mitte April - Mitte Juni 8:30-19:30

2 Giardino degli Arranci

Nach einigen Metern auf der Via di Santa Sabina kommen wir zum Gardino degli Arranci. Von dort hat man einen wunderbaren Blick über Rom, zugleich kann man dort auch prima eine Pause einlegen oder picknicken. Die Angewohnheit der Römer, den übrig bleibenden Müll überall und nirgends liegen zu lassen, sollte man vielleicht nicht übernehmen.

Okt. - Febr. 7-18:00 | März & Sept. 7-20:00
April - August 7-21:00

Giardino degli Arranci, Piazza Pietro D'Illiria

Wenn man von dort in Richtung Circo Massimo schaut, sieht man dahinter den Palatinshügel, auf dem sich die Paläste der meisten römischen Kaiser befanden, links davon ist der Kapitolshügel, auf dem sich heute der Senatorenpalast, das römische Rathaus, befindet. Wer sich die aktuelle Brautmode in Rom anschauen will, ist dort genau richtig. Rechts davon ist der Monte Celio, an dessen Fuß der Park der Villa Celimontana zum Rasten einlädt. Auch die Kirche Santo Stefano in Rotondo (S. 85) befindet sich dort.

Der Aventin, auf dem wir gerade stehen, und die drei Hügel Kapitol, Palatin und Celio sind die Niedrigsten der sieben Hügel Roms, kaum höher als 50 Meter. Wenn ihr über Palatin und Kapitol hinausschaut, dann könnt ihr bei gutem Wetter drei weitere Hügel erkennen: von rechts nach links den Esquilin, Viminal und Quirinal.

Ich möchte hier auf die einzelnen Hügel nicht näher eingehen, nur so viel: Auf dem Quirinal befindet sich der Quirinalspalast, die ehemaligen Sommerresidenz der Päpste. Später war er bis 1946 die Residenz der italienischen Könige und heute ist es der Amtssitz des Staatspräsidenten. Deshalb wurde die Bezeichnung Quirinal auch oft als Synonym für die italienische Regierung verwendet. Die ausländischen Botschafter waren beispielsweise am „Quirinal“ akkreditiert. Am besten kann man die Hügel Roms wahrscheinlich vom Kapitolshügel aus sehen.

Adresse: P.za del Quirinale, 00187 Rom

Wer die sieben Hügel Roms kennt, weiß damit mehr als meisten Römer.

3 Santa Sabina

Direkt neben dem Garten befindet sich die Kirche Santa Sabina. Sie wurde unter Papst Coelestin I. (422–432) errichtet, aber erst unter seinem Nachfolger Sixtus III. (432–440) endgültig fertiggestellt, wie sich aus der Widmung auf dem Mosaik der inneren Eingangswand ergibt. Sie steht auf den Ruinen des Wohnhauses einer Römerin Namens Sabina, die später heiliggesprochen wurde. Das Portal der Kirche wurde aus afrikanischem Zedernholz geschnitzt und ist so alt wie Kirche selbst – es stammt also aus dem fünften Jahrhundert. Von den ursprünglich 28 Bildern haben immerhin 18 die Wirren der letzten 1500 Jahre überlebt. Sie zeigen Szenen aus dem Alten und Neuen Testament. Zu sehen ist auch eine der ältesten Kreuzigungsdarstellungen der Kunstgeschichte.

Wenn man den Kirchenraum betritt, umfängt einen eine, besonders im Sommer, angenehme Kühle und eine Atmosphäre, die die Würde der Antike ausstrahlt. Während man in vielen frühchristlichen Kirchen Säulen unterschiedlicher Bauart findet – sie sind schlicht aus unterschiedlichen Tempeln entwendet worden – stammen alle Säulen in Santa Sabina aus demselben Gebäude. Am Fuß der dritten Säule auf der linken Seite ist der Name RVFENOS eingeritzt; es könnte sich um den Namen des Steinmetzes handeln. Es ist übrigens auch eine der ersten Kirche, in der über den Säulen Rundbögen errichtet wurden – die waagrechte Balkenverbindung hatte für die nächsten knapp 1000 Jahre ausgedient. Wir finden sie erst wieder in der Renaissance.

Im angeschlossenen Kloster lebte einer der bedeutendsten katholischen Kirchenlehrer, der Hl. Thomas von Aquin. Durch ein Loch in der Wand kann man einen Orangenbaum sehen, den er höchstpersönlich gepflanzt haben soll.

Öffnungszeiten Kirche Santa Sabina:
8:15-12:30 | 15:30-18:00

Wenn man die Via di Santa Sabina weitergeht, kommt man rechts an der Kirche Sant'Alessio vorbei, die über einen schönen kleinen Innenhof verfügt, auf die Piazza dei Cavalieri di Malta. Platz und Kirche Santa Maria del Priorato wurden nach Plänen von Giovanni Battista Piranesi errichtet, der zwar ausgebildeter Architekt, aber eigentlich für seine Kupferstiche berühmt war.

4 Schlüsselloch

Regelmäßig findet sich vor der Tür mit der Hausnummer 2 eine Menschenschlange, in der man minutenlang ansteht um durch ein Schlüsselloch zu schauen. Steht man endlich davor und schaut hindurch, meint man direkt vor der Kuppel des Petersdoms zu stehen. Es ist ein optischer Effekt, der durch die Baumallee, die sich hinter dem Tor befindet, verstärkt wird.

Kirche und Park gehören dem souveränen Malteserorden und sind normalerweise nicht öffentlich zugänglich. Der Hauptsitz des Ordens in der Via Condotti 68, ebenso wie diese Anlage auf dem Aventin, sind für Italien quasi ‚Ausland'.

Die Aktivitäten der Malteser sind vielfältig im humanitären und medizinischen Bereich. Früher konnte man hier auch die

Briefmarken der Malteser kaufen, mittlerweile geht das nur noch in der Via delle Carrozze 79. Von dort aus kann man sie auch direkt auf einer Ansichtskarte nach Hause schicken. Wer einen Briefmarken sammelnden Opa, Vater oder Onkel hat, oder selber sammelt, kann hier ein paar echte Raritäten erwerben.

5 Sant'Anselmo

Eine letzte Kirche hier auf dem Aventin ist Sant'Anselmo, der Sitz der Benediktiner in Rom. Auch hier lädt ein kleiner Garten und ein ruhiger, eher moderner Kirchenraum zum Verweilen ein.

Öffnungszeiten San Anselmo:
Mo-Sa 8-19:00 | So 10-13:00

Man sollte sich aber auch Zeit nehmen, einfach ein wenig spazieren zu gehen. Wer die hektischen, von Touristen gefüllten Straßen des Centro Storico leid ist, findet hier wunderschöne Villen, Gärten und ein wenig Ruhe. Der Aventin gehört heute nicht umsonst zu den teuersten Wohnvierteln Roms.

Pyramide des Cestio

Wenn man den Hügel über den Largo Manlio Gelsomini verlässt und unten links geht, landet man an der Metro Station Piramide (das man übrigens Pi – raaa – mide ausspricht). Dort kann man noch einen Blick auf die Pyramide des Cestio werfen, die neben die Porta San Paolo, einem ehemaligen Stadttor der Aurelianischen Mauer, steht. Die Piramide ist neben dem Largo di Torre Argentina das 2. Katzenparadies von Rom.

In der Nähe befindet sich auch der Cimiterio Accatolico, der auch einen Besuch wert ist.

(siehe „Friedhöfe“ auf S. 78).

Vor den Mauern – Fuori le mura

Sicher habt ihr euch bereits gewundert, warum in den Namen einiger Kirchen und denen der Katakomben der Zusatz ‚Fuori le mura‘ steht, also ‚vor den Mauern‘. Auch wenn diese Sehenswürdigkeiten im Hinblick auf die heutigen römischen Stadtgrenzen noch relativ nah am Zentrum liegen, befanden sich diese Orte damals außerhalb der aurelianischen Stadtmauer.

Die erste Stadtmauer, die Servianische Mauer, wurde bereits um 500 vor Christus errichtet. Das am besten erhaltene Mauerstück liegt am Hauptbahnhof Roma Termini an der Via Marsala.

Als die Stadt größer wurde, begann unter Kaiser Aurelian im 3. Jahrhundert der Bau einer neuen Stadtmauer - der Aurelianischen Mauer. Diese 19 km lange Mauer war ursprünglich 6 Meter hoch und 3,5 Meter tief und wurde von den Kaisern im 4. und 5. Jahrhundert auf fast 11 Meter erhöht und verstärkt.

Sie ist heute noch nahezu vollständig erhalten, ihre 18 großen Tore sind oft der Beginn der großen Ausfallstraßen aus Rom. Besonders bekannt sind die Porta del Popolo (ursprünglich Porta Flaminia) an der Piazza Popolo, die Porta Maggiore, durch die unter anderem die Straßenbahnlinien 5 und 14 durchfahren, und die Porta San Giovanni. Wer mit offenen Augen durch Rom läuft, wird immer wieder auf diese mächtigen Ziegelwände stoßen.

Fährt man auf dem Weg zu den Katakomben mit dem Bus durch die Porta Adreatina, hat man wirklich das Gefühl, ‚vor den Mauern‘ zu sein. Dort lohnt es sich, an der Haltestelle Colombo/Marco Polo auszusteigen und die Mauer in östlicher Richtung bis zum nächsten Tor entlangzulaufen.

Im Torbogen der Porta San Sebastiano befindet sich das Museum zur Aurelianischen Mauer, das unter anderem per Multimedia die Geschichte der Mauer zeigt. Neben einer Panoramaterrasse kann man von dort auch 400 Metern auf der Mauer bis zu den Torbögen der Via Cristoforo Colombo laufen.

Museo delle Mura,
Via di Porta San Sebastiano 18, 00179 Roma
täglich außer Montag von 9.00-14.00 geöffnet
1.5. und 25. 12. geschlossen,
Eintritt kostenlos.
https://www.museodellemuraroma.it/en

Von dort kann man entweder über die Via di Porta San Sebastiano zurück Richtung Innenstadt laufen (1,1 km/ca. 15 min bis zu den Caracalla Thermen, 2 km/ca. 30 min bis Circus Maximus) oder

mit dem Bus 118 zu den Katakomben fahren.

Siehe Erlebnistour Katakomben S. 69.

Da die Straße bis zur Kirche Quo Vadis sehr stark befahren ist und es keinen richtigen Gehweg gibt, raten wir von einem Spaziergang ab.

Auf den Spuren der frühen Christen: Die Katakomben vor den Toren Roms

Diese Erlebnistour führt uns tief unter die Erde: Der Besuch der unterirdischen Gräber mit ihren Fresken ist spannend und gibt Einblicke in die vor- und frühchristliche Zeit. Neben allgemeinen Informationen zu den Katakomben laden wir zu zwei Erlebnistouren auf den Spuren der frühen Christen ein.

Allgemeine Informationen:

Öffnungszeiten
Die Katakomben sind in der Regel von 9 – 12:00 und 14 – 17:00 Uhr geöffnet. Genaue Öffnungszeiten und Ruhetage findet ihr bei den Informationen zur jeweiligen Katakombe.

Die Führungen dauern ca. 20-30 Min. Da in den Katakomben eine konstante Temperatur von ca. 13 °C herrscht, sollte man warme Kleidung dabeihaben.

Eintritt:
Schüler und Studenten 7,-€ gegen Vorlage des Schüler- oder Studentenausweises. Erwachsene 10,-€.

Als Gruppe ab 10 Personen empfiehlt sich eine Voranmeldung, insbesondere in den Hauptreisezeiten.

Die Katakomben in Rom sind unterirdische Friedhöfe, die aus einem Geflecht von kilometerlangen Gängen zum Teil bis zu 7 Etagen unter der Erde bestehen. In die Wände des Gangsystems wurden Grabkammern gegraben, in denen die Toten bestattet wurden. Es gibt Einzel- und Familiengräber, die zum Teil kunstvoll mit Fresken verziert sind.

Mehr als 60 solcher unterirdischen Grabanlagen existieren in Rom, von denen allerdings nur wenige öffentlich zugänglich sind. Im Rahmen von Führungen kann man einige Teile der zugänglichen Katakomben besichtigen.

Entstehung

Im antiken Rom war es verboten, Tote innerhalb des Pomeriums, also der rechtlichen Stadtgrenzen, zu beerdigen. Deshalb entstanden entlang der Ausfallstraßen, vor allem entlang der heutigen Via Appia Antica, Gräberreihen, die im Lauf der Jahrhunderte kilometerlang wurden. Nachdem aber mit der Zeit der Platz ausging, begann man die Gräber (für Heiden wie für Christen) unter die Erde zu verlegen. Da das Erdreich rund um Rom sehr weich ist, war das problemlos möglich. Auch die Juden bestatteten ihre Toten auf diese Art und Weise. An der Via Appia Antica sind auch jüdische Katakomben (Catacombe Ebraiche) erhalten.

Bis zum 5. Jahrhundert wurden die Katakomben von den Christen erheblich erweitert und ausgebaut. Einzelne Räume wurden zu Kapellen bis zum Umfang einer unterirdischen Basilika ausgebaut, in denen auch Gottesdienst gefeiert wurde. Als geheimes Versteck für verfolgte Christen dienten die Katakomben allerdings nie, denn ihre geografische Lage war allgemein bekannt. Diese Legenden entstanden erst im Mittelalter.

In den Katakomben wurden viele Märtyrer beigesetzt, um deren Gräber herum auffällig viele Grabkammern zu finden sind. Die Menschen glaubten, dass Märtyrer und

Heilige am Tag der Auferstehung als erste auferweckt würden, um in den Himmel aufgenommen zu werden. Wenn man dann in nächster Nähe begraben liegt, würde man wahrscheinlich ebenfalls schneller ‚wach' werden, so die damalige Meinung.

Gegen Ende des ersten Jahrtausends nach Christi Geburt, als Rom zunehmend weniger Bewohner hatte und auch allgemein an Bedeutung einbüßte, ließen die Päpste die Reliquien der Märtyrer aus den Katakomben in die Kirchen Roms verlagern. Allein in der Kirche San Prassede liegen die Gebeine von wahrscheinlich über 2000 Märtyrern. Die Katakomben gerieten in Vergessenheit. Durch Kriege wurden viele zerstört, überwucherten oder stürzten zum Teil ein. Die Wiederentdeckung und Erforschung der Katakomben begann im 16. Jahrhundert durch Antonio Bosio, und wurde dann vor allem durch Gian Battista de Rossi, dem Verfasser des Buches *La Roma Sotterranea Cristiana,* im 19. Jahrhundert fortgesetzt.

Circonvallazione Ardeatina
Start
1
2
3
4
5
Ende
Via della Caffarella
Via della Caffarella
Almone
Municipio Roma VII
Municipio Roma VIII
Parco della Caffarella
Orto didattico
Parco Scott
Area Cani
Magni
Via Carlo Conti Rossini
Via Giulio Adamoli
Via Andrea Pitti
Via Roberto Scott
Via Tito Omboni
Via Ignazio Guidi
Via Eusebio Chini
Via Antonio Malfante
Via Leon Pancaldo
Via Appia Antica
Via Appia Antica
Via Ardeatina
San Tarcisio
Liceo Via delle Sette Chiese
Via delle Sette Chiese
Via delle Sette Chiese
Via Benedetto Bompiani
Via Appia Pignatelli
Vicolo delle Sette Chiese
Vicolo della Basilica
Via Nesazio
Via dell'Annunziata
Piazzale Antonio Tosti
Via di Santa Petronilla

1 Kirche ‚Quo Vadis‘

Bus 118 oder 218 bis Appia Antica/Domine Quo Vadis

Wir befinden uns vor den ehemaligen Stadttoren auf einer der ältesten Straßen Roms, der Via Appia Antica. Sie war eine der Haupthandelsrouten in der Antike.

Hier an dem Ort, wo die Kirche Santa Maria in Palmis steht, soll der Legende nach der Apostel Petrus auf seiner Flucht aus Rom Christus begegnet sein. Als Petrus ihn fragte: „Domine, quo vadis?“ (Wohin gehst du, Herr?), antwortete Jesus: „Romam venio iterum crucifigi“ (Nach Rom, um mich erneut kreuzigen zu lassen). Daraufhin kehrte Petrus um, wurde in Rom gefangen genommen und gekreuzigt.

Um diese Legende rankt sich der Roman ‚Quo Vadis‘ des polnischen Schriftstellers und Literaturnobelpreisträgers Henryk Sienkiewicz, der 1951 verfilmt wurde und diesen Ort hier besonders bekannt gemacht hat. In der Kirche wird neben der Kopie der angeblichen Fußabdrücke Jesu auch eine Büste Sienkiewicz’ gezeigt.

Wir laufen nun die Via Appia Antica weiter entlang und kommen nach kurzer Zeit zu den unterirdischen Begräbnisstätten.

Hier haben wir nun die Wahl zwischen drei Katakomben:

- Catacombe San Callisto
- Catacombe Santa Domitilla
- Catacombe San Sebastiano

2 Catacombe San Callisto

Die Katakomben sind nach Kallistus benannt, der unter Papst Zeferino die Verwaltung und Organisation der Katakombe innehatte und liegt an der Via Appia 110. Sie umfasst auf einer Fläche von oberflächlich ca. 15 ha ungefähr 500.000 Gräber auf fünf Ebenen. Die Gänge sind mehr als 20 km lang. Auch die Kammer, in der die Hl. Cäcilia enthauptet aufgefunden wurde, befindet sich hier.

Via Appia Antica 126, 00179 Rom
Email: scallisto@catacombe.roma.it
Öffnungszeiten: Mo–So 9– 12:00 | 14– 17:00
mittwochs Ruhetag Geschlossen: 25.12.17; Ostersonntag; 01.01.18; 25.01.18 – 21.02.18
Führungen in 5 Sprachen, auch auf Deutsch
Anreise Bus 118/218 bis Catacombe S. Callisto
Eintritt: 10 € | 7-16 J. 7 € | bis 6 J. frei
https://www.catacombesancallisto.it/de

3 Catacombe Santa Domitilla

Die Domitilla Katakombe ist das größte erhaltene Katakombensystem Roms. Hier befinden sich auf vier bis fünf Meter hohen unterirdischen Etagen Gräber aus dem ersten und zweiten Jahrhundert. Sie liegt an der alten Via Ardeatina, auch wenn ihre offizielle Adresse heute Via delle Sette Chiese 280 ist. Ihren Namen hat die Katakombe von der adligen Römerin Flavia Domitilla, die ihren Grundbesitz der christlichen Gemeinde zur Verfügung stellte.

Zu den ältesten Teilen der Katakombe zählt die unterirdische Grabkammer der

Familie der Flavier. Diese entstand am Ende des zweiten Jahrhunderts als private heidnische Grabkammer. Später während des dritten Jahrhunderts wurden dort auch Christen begraben, deren Grabstätten mit Szenen aus der Heiligen Schrift verziert wurden. Der Rundgang durch die Katakombe führt auch an der Grabkammer der Veneranda, dem Bogengrab der kleinen Apostel und der Grabkammer des Totengräbers Diogenes vorbei.

Via delle Sette Chiese 282, 00147 Rom
https://www.catacombedomitilla.it/en
Öffnungszeiten: Mo– So 9– 12:00|14 – 17:00
Di Ruhetag
Führungen in 5 Sprachen, auch auf Deutsch
Anreise: Bus 118/218 bis Basilica S. Sebastiano
Eintritt: 10 € | 6-15 J. 7 € | bis 5 J. frei

4 Catacombe San Sebastiano

Die Katakombe wurde vom 2. bis 5. Jahrhundert als Grabstätte benutzt und schließt auch heidnische Gräber aus dem 1. Jahrhundert ein. Der Eingang befindet sich im Seitenschiff der Basilika San Sebastiano fuori le mura.

Via Appia Antica 132, 00179 Rom
www.catacombe.org | info@catacombe.org
Öffnungszeiten: täglich 10 – 17:00 Uhr
Geschlossen: 01.01., Ostersonntag, 25+26.12.

Führungen in 5 Sprachen, auch auf Deutsch
Anreise: Bus 118/218 bis Basilica S. Sebastiano
Eintritt: 10 € | 7-16 J. 7 € | bis 6 J. frei

In der Nähe liegt noch eine besondere Gedenkstätte, die einen Besuch wert ist:

5 Fosse Adreatine

Am 23. März 1944 kamen bei einem Bombenattentat der italienischen Partisanen in Rom 33 deutsche Soldaten um. Der SS Polizeichef von Rom, Herbert Kappler, ließ ‚als Vergeltung‘ 335 Menschen festnehmen. Einen Tag nach dem Attentat wurden sie in den Höhlen an der Via Adreatina erschossen und die Höhle mit den Leichen darin gesprengt.

Das Massaker, das geheim bleiben sollte, kam jedoch bald ans Licht. Die Toten wurden bestattet, so gut man konnte. Viele waren bis zur Unkenntlichkeit entstellt. Heute sind die zerstörten Höhlen wieder freigelegt und die Toten in einer Gedenkstätte beerdigt.

Es ist ein Platz, der im mediterranen Licht seinen ganz eigenen Schatten wirft. Man sollte die Schatten dieser Vergangenheit nicht vergessen, zumal sie auch in Gesprächen mit jungen Italienern immer wieder auftauchen.

Anreise: Bus 118/218 bis Basilica S. Sebastiano
Öffnungszeiten:
täglich 8:15-15:30, Sa + So 8:15-16:30
Geschlossen: 1. Jan., Ostersonntag, 01.05., 15.08. + 25.12. | Eintritt frei

Weitere Katakomben

Catacombe Santa Priscilla

Die Catacombe di Priscilla befindet sich an der Via Salaria in unmittelbarer Nähe zum Park der Villa Ada. Auf zwei Ebenen gibt es darin etwa 40.000 Gräber in Gängen von insgesamt 13 Kilometer Länge. Diese frühchristliche Grabkammer wurde am 31. Mai 1578 bei Arbeiten im Weinbau zufällig entdeckt. Aufgrund der großen Zahl der dort bestatteten Märtyrer führte sie im Altertum auch den Namen ‚Regina catacumbrarum', also Königin der Katakomben.

In den Katakomben befindet sich die mit frühchristlichen Malereien versehene „griechische Kapelle" mit einer Szene, die als fractio panis („Brotbrechung") bezeichnet wird. Die Madonna mit Kind und Prophet gilt als älteste Darstellung der Madonna. Dort befindet sich auch die Grabstätte der Familie Acilii Glabrioni, aus deren Familie Priscilla stammte, die dieser Katakombe ihren Namen verlieh.

Via Salaria 430, 00199 Rom
https://catacombepriscilla.com/home-eng/
Öffnungszeiten: Di. – So.: 09:00 – 12:00
Führungen in Italienisch, Spanisch, Englisch
Führungen in Englisch:
Di - so 10:00 | 11:00 | 12:00 | 14:30 | 16:00
Führungen für mind. 10, max. 25 Personen
Gruppen sollten sich anmelden
Eintritt: 10 € | 7-16 J. 7 € | bis 6 J. frei
Anreise: Bus 92/310: Termini bis PZA Crati
Bus 63: Largo Argentina bis PZA Crati
Metro B: bis Libia

Catacombe Santi Martri Marcellino e Pietro

Die Katakombe der Heiligen Marcellinus und Petrus befindet sich beim Helena Mausoleum an der Via Casilina 641. Die Katakombe liegt auf einer Fläche von etwa 18000 Quadratmetern und verfügt über mehr als 17 km lange Gänge. Die Grabkammern liegen bis zu 16 Metern unter der Erde. Die Katakombe ist bekannt für zahlreiche Inschriften und Malereien mit Mahldarstellungen und Szenen aus dem Neuen und dem Alten Testament. Zu dem Komplex gehören auch eine Basilika und das berühmte Mausoleum der Mutter Konstantins, der Hl. Helena. Nach langen Ausgrabungs- und Restaurierungsarbeiten sind die Katakomben jetzt wieder öffentlich zugänglich.

Diese Katakombe hat eine spezifische Verbindung zu Deutschland: Die Gebeine der unter Kaiser Diokletian hingerichteten Märtyrer Marcellinus und Petrus (Martyrus) wurden von Einhard im 9. Jh. nach Seligenstadt in Hessen überführt. Der Biograf Karls des Großen hatte dort ein Benediktinerkloster gegründet und die gleichnamige Wallfahrtskirche errichtet.

Via Casilina 641, 00177 Rom
www.santimarcellinoepietro.it
Öffnungszeiten: 10-12:00 | 15-17:00
Donnerstag geschlossen
Führungen: 10:00, 11:00, 15:00, 16:00
Führungen in 5 Sprachen, auch auf Deutsch
Gruppen sollten sich anmelden
Eintritt: 10 € | 7-16 J. 7 € | bis 6 J. frei
Anreise:
Bus 105: ab Termini bis Berardi (Casilina)
Bus 409: ab Tiburtina bis Torpignattora

Bazzecole

Orte abseits der Besucherströme

Aquädukte: dem römischen Wasser auf der Spur

Wasser war und ist für alle Städte ein wichtiger Bestandteil der Grundversorgung. Mit dem Bau von großen, kunstvollen Brunnen zeigte Rom aber auch den Reichtum der Stadt. Wir machen uns auf die Suche nach den Ursprüngen der Wasserversorgung von Rom und besuchen den Parco degli Acquedotti sowie eine der spannendsten Ausgrabungen direkt neben dem Trevibrunnen.

Im gesamten Stadtgebiet von Rom gibt es Trinkwasserbrunnen, die sogenannten ‚Nasone', wörtlich ‚große Nasen', die an den Straßen stehen und aus denen rund um die Uhr frisches, kaltes Wasser läuft. Der englische Dichter Shelley schrieb, allein die Brunnen rechtfertigen eine Reise nach Rom.

Woher aber kommt das römische Wasser?

Entstehung

Bereits in der Antike wurde das Wasser für Rom über Aquädukte aus den umliegenden wasserreichen Gebirgen und Seen nach Rom geleitet. Aquädukte sind Steinkanäle, die über große Strecken unterirdisch und über Flüsse und Täler oberirdisch verlaufen. Sie weisen ein stetiges Gefälle von mindestens 5 % auf.

Die erste Wasserleitung, die Aqua Appia, wurde bereits 312 v. Chr. durch Appius Claudius Caecus gebaut. Rom besitzt einige der imposantesten Aquädukte. Sie führten das Quellwasser aus dem Gebirge bis zu 150 Kilometer weit über Täler, Schluchten und Abgründe.

Aquädukte in Rom

Wer heute aufmerksam durch Rom läuft, wird noch einige Überreste von Aquädukten in der Stadt entdecken. So ist zum Beispiel die Porta Maggiore an der Piazza Maggiore und der Drususbogen an der Via Appia ein Stück eines Aquädukts. Auch in der Via del Nazareno findet man noch einige Überreste.

Es gibt in Rom Brunnen, die auch heute noch mit Wasser aus den Aquädukten versorgt werden wie der Vier-Ströme-Brunnen an der Piazza Navona, der Trevibrunnen und der Barcaccia Brunnen an der Piazza di Spagna.

Es gibt zwei Orte, an denen man in Rom der Geschichte der Wasserversorgung auf die Spur kommt:

Vicus Caprarius: Città dell'Acqua

In unmittelbarer Nähe des Trevi-Brunnens befindet sich eine faszinierende und noch recht unbekannte archäologische Ausgrabungsstätte. Die Città dell'Acqua erstreckt sich unterhalb des Stadtviertels auf einer Fläche von circa 350 m² zwischen der Via San Vincenzo und dem Vicolo del Puttarello.

Während der Renovierung des ehemaligen Kinos Cinema Trevi wurde ein Gebäudekomplex aus der Kaiserzeit entdeckt, der bemerkenswerte Einblicke in die Stadtstruktur des antiken Rom gibt.

Bei den Ausgrabungen wurde ein wichtiges Verteilerbecken, das castellum aquae, ans Licht gebracht, in dem das Wasser gefiltert

wurde und über Bleirohre und Wannen einen luxuriösen Wohnsitz versorgte. Die Mauern des Verteilerbeckens sind bis zu einer Höhe von circa acht Metern erhalten und versorgten einen Häuserblock mit mehreren unabhängigen Einheiten, der in der Mitte des 4. Jahrhunderts in ein herrschaftliches Stadthaus umgebaut wurde.
Außerdem wurden wertvolle Statuen, afrikanische Amphoren, die zum Transport von Öl verwendet wurden, Schmuck und mehr als 800 Münzen aus der Zeit vom 4. und 5. Jahrhundert n. Chr. gefunden.

Vicus Caprarius, Vicolo del Puttarello 25+39
Öffnungszeiten: Di - So 11 - 17.00 Uhr
Reservierungen werden dringend empfohlen!
Für Gruppen von mehr als 10 Personen können geführte Besichtigungen außerhalb der Öffnungszeiten vereinbart werden.
Eintrittspreise: 4 € Voller Preis
18-25 J. mit Schüler-/Studentenausweis + Lehrer:innen 2,50 €
14-17 J. 1 € | unter 14 J. kostenlos
Geführte Besichtigungen mit Voranmeldung: 8,00 €
www.vicuscaprarius.com

Parco degli Acquedotti

Der Parco degli Acquedotti ist eine große Freifläche im Süden der Stadt, in der Nähe von Cinecittà. Man nimmt die Metro A nach Giulio Agricola und nach etwa 300 m Fußweg steht man vor einer archäologischen Zone, die nicht nur zu Sport und Spiel einlädt, sondern auch einen Blick auf die für Rom so wichtigen antiken Wasserleitungen ermöglicht.
Stadteinwärts sieht man zur Rechten (die niedrigere Struktur) die Aqua Marcia, auf welche später dann die Aqua Tepula und die Aqua Iulia verlegt wurden. Die Acqua Marcia wurde 1869 restauriert und seitdem fließt wieder Wasser durch sie in die Stadt.
Die Leitungen liegen so weit wie möglich unterirdisch, nur zur Überquerung von Wasserläufen oder Tälern kommen sie ans Tageslicht und natürlich beim Erreichen von Rom. Dies kann man am Verlauf der Aqua Marcia gut sehen - das Aquädukt kommt ungefähr in der Parkmitte aus dem Erdboden heraus, sein unterirdischer Verlauf ist allerdings gekennzeichnet.
Zur Linken befinden sich die großen Bögen der Aqua Claudia; 154 Bögen sind hier hintereinander erhalten geblieben. Das Aquädukt wurde im Jahre 52 von Kaiser Claudius eingeweiht.
Zeitgleich wurde auf die Aqua Claudia die Aqua Anio Novus aufgesetzt. Somit brachten einst fünf Wasserleitungen aus dieser Richtung Wasser ins antike Rom. An manchen Stellen kann man auch tatsächlich noch sehen, dass sich mehrere Leitungen auf den Bögen befanden, an den meisten Stellen sind die oberen Leitungen aber im Verlauf der Zeit verfallen.

Via Lemonia, 221; geöffnet rund um die Uhr
Metro A bis Giulio Agricola + ca. 300m Fußweg

Orte des antiken Badevergnügens: Thermen in Rom

Thermen waren schon zu römischen Zeiten mehr als nur Hallenbäder. Sie waren im besten Sinne Wellnessangebote, die hinter den heutigen Bädern kaum zurückblieben. In Rom existieren noch die Überreste drei solcher großen Badeanlagen, an denen man als Rombesucher immer wieder vorbei kommt.

Diokletiansthermen

Der größte Teil der Diokletiansthermen ist in die Kirche Santa Maria degli Angeli e dei Martiri eingegangen. Das Bauwerk wurde, nach den ursprünglichen Plänen Michelangelos, erst im 18. Jahrhundert fertiggestellt, und befindet sich wenige hundert Meter vom römischen Hauptbahnhof entfernt, der „Stazione Termini". Der Bahnhof bekam seinen Namen übrigens von eben jener Therme.

Adresse: Viale Enrico de Nicola, 76
Öffnungszeiten: Di. – So. 9:30-19:00
Eintritt: 8,- € | Jugendliche 18 - 25 Jahren 2,- €
Kinder bis 17 Jahren frei | 1. So im Monat frei
max. 30 Personen pro Gruppe | https://museonazionaleromano.beniculturali.it/

Trajansthermen

Von den Trajansthermen ist ebenfalls nur noch wenig erhalten, auch wenn sie einst sehr groß waren: Das Zentralgebäude maß wohl 190 x 212 Meter. Im Park auf dem Oppio, einem Teil des Esquilins, gegenüber dem Kolosseum, kann man noch einige Überreste sehen.

Caracalla-Therme

Die Caracalla Thermen sind jedoch einen Besuch wert. Eigentlich heißen sie Thermae Antoninianae und ihr Bau begann im Jahr 206. Fertiggestellt wurden sie 216 unter Kaiser Caracalla, daher der heutige Name. Sie erhielten ihr Wasser aus der Acqua Marcia und waren ein öffentlicher und eintrittsfreier Badepalast. Neben den Bädern gab es Bibliotheken, Gärten und Restaurants, in denen man sich vergnügte, traf und Geschäfte abschloss.

Die Therme war rund 300 Jahre in Betrieb, bis zur Zerstörung durch die Ostgoten im Jahr 537. Seit dem Mittelalter diente sie jedoch, wie viele andere antike Bauten, vor allem als Steinbruch. In St. Peter und im Palazzo Farnese wurden Marmor und Statuen aus dieser Therme verbaut. Einige Teile finden sich heute auch in den vatikanischen Museen.

Die Anlage selbst war 337 x 328 m groß, der Raum mit dem Schwimmbecken war 50 x 22 m groß und einst über 20 m hoch. Man kann heute noch die Rohre sehen, die das Becken mit Wasser speisten. Im Zentrum der Anlage lag das Frigidarium, ein großes Kaltwasserbecken, in einem 58 x 24 m großen Raum. Das Warmwasserbad, das Caldarium, war von einer 35 m weiten Kuppel aus leichten Tonhohlkörpern überspannt, damals die größte Kuppel der Welt in dieser Bauweise.

Auch die Heizungsanlage war perfekt: Über Tonrohre wurde heiße Luft in die Fußböden sowie die Beckenheizung geleitet. Täglich wanderten bis zu 10 Tonnen Holz in die riesigen Öfen unter der Anlage, die von 100 Sklaven befeuert wurden.

Auch wenn es etwas Fantasie bedarf, sich den Betrieb damals vorzustellen, so bietet die Anlage doch einen interessanten Einblick in das Leben im alten Rom. Heute dient die Anlage auch als Kulisse für Konzerte und Opernaufführungen, sie ist also nicht immer komplett zugänglich.

Viale delle Terme di Caracalla
Anreise:
Metro B bis Circo Massimo | Bus 760 + 628

Öffnungszeiten:
Januar + Februar 9:00-16:30
März 9:00-17:30
April - August 9:00-19:15
September 9:00-19:00
Oktober 9:00-18:30
November + Dezember 9:00-16:30
Geschlossen: Montags + 16.08.

Eintritt: Erwachsene 8 € | 18-24 J. 2 €
unter 18 J. kostenlos

https://www.coopculture.it/it/poi/terme-di-caracalla/

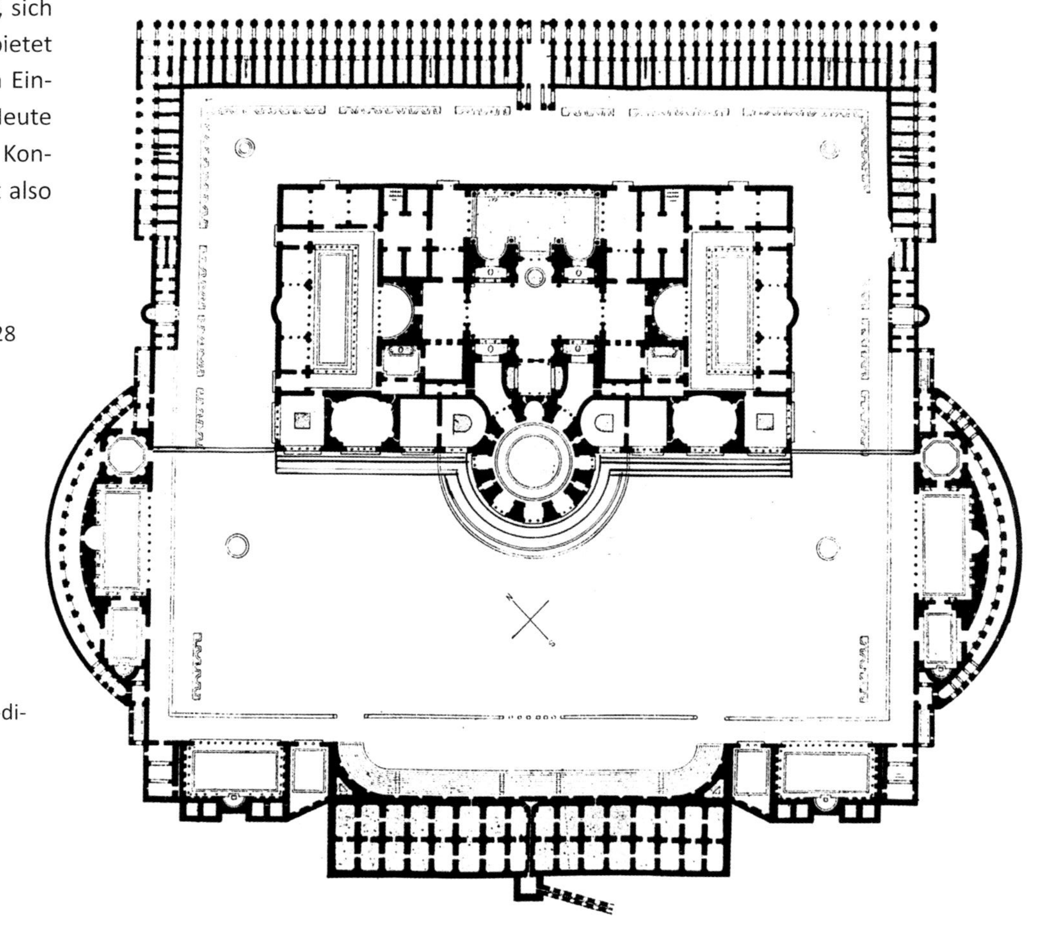

Friedhöfe

Friedhöfe sind ein eher ungewöhnliches Ziel für Jugendliche. Wie der Name schon sagt, kann man dort allerdings auch Frieden finden, was in einer Großstadt wie Rom sonst nur schwer zu bewerkstelligen ist. Vielleicht sollte man diese Orte nicht gerade mit großen Gruppen aufsuchen, aber mit einer kleinen, die sich des Ortes bewusst ist, kann es ein interessantes Erlebnis sein.

Auf Italienisch heißt Friedhof ‚cimitèro‘ oder auch ‚camposanto‘. Die Bedeutung des Wortes ‚camposanto‘ bedeutet ‚heiliges Feld‘. ‚Cimitero‘ kommt vom griechischen ‚koimeteriov‘ und heißt so viel wie ‚Ort zum Liegen‘.

Wir haben drei Friedhöfe ausgewählt: den Campo Verano (offiziell Cimitèro Communale Monumentale Campo Verano), den Cimitèro Accatolico (auch als protestantischer Friedhof bekannt), und den Camposanto Teutonico (offiziell Campo Santo dei Teutonici e dei Fiammiglini), also den Friedhof der Deutschen und der Flamen.

Campo Verano

Der Campo Verano ist der größte Friedhof Roms. Er hat einen katholischen und einen jüdischen Teil und wurde von Giuseppe Valadier angelegt. Neben vielen Kirchenfürsten liegen hier auch Giuseppe Garibaldi, der Held des italienischen Befreiungskampfs, die Schriftstellerin Natalia Ginsburg, der Schauspieler Bud Spencer und der Filmregisseur Sergio Leone, der Vater des Italowesterns, begraben.

Für den Campo Verano braucht man Zeit und Neugierde, um den vielen Geschichten nachzuspüren, die man auf den Grabsteinen findet. „Von einem Arbeitsunfall aus unserer Mitte gerissen“ oder „Mit dem U-Boot verschollen“. Wer sich auf die Suche nach Geschichten machen will und etwas Italienisch oder Latein kann, sollte den ältesten Teil des Friedhofs aufsuchen, den sogenannten ‚Pincetto‘. Wenn man durch den Haupteingang an der Piazzale del Verano geht, hält man sich links.

Campo Verano, Piazzale del Verano, 1
Öffnungszeiten: täglich 07:30–18:00

Campo Santo Teutonico

Der Campo Santo dei Teutonico ist eine staatsrechtliche Rarität: Durch die Lateranverträge von 1929 wurde das Gelände eine exterritoriale Besitzung des Heiligen Stuhls. Es liegt auf italienischem Gebiet, ist aber nur vom Vatikan aus zugänglich. Es war traditionell der Ort, wo deutschsprachige Pilger beerdigt wurden. Neben vielen anderen liegen hier der Archäologe Ludwig Curtius, der Schriftsteller Stefan Andres und Prinz Georg von Bayern beerdigt.

Den Friedhof kann man täglich zwischen 7 und 12:00 Uhr besuchen. Man meldet sich einfach bei den Schweizer Gardisten am Tor südlich des Petersdoms zwischen den Kolonnaden und dem Palazzo del Sant‘ Ufficio. Zuständig ist der rechte der beiden Gardisten, also derjenige, der keine

Hellebarde trägt. Man braucht auch nicht, wie in manchen Führern beschrieben, vorgeben, man wolle eine verstorbene Tante besuchen. Man bittet einfach auf Deutsch darum, den Friedhof besuchen zu dürfen. Die Gardisten sind Schweizer und verstehen deutsch.

Es ist ein ruhiger Ort, der gerne auch von Angehörigen des Vatikans für einen Spaziergang genutzt wird. Frühaufsteher können auch um 7:00 Uhr die Messe in deutscher Sprache in der Kirche Santa Maria della Pietà mitfeiern.

Via di Porta Cavalleggeri, täglich 7-12:00 Uhr

Cimitèro Acattolico

Marco Lodoli nannte den Cimitèro Accatolico, den protestantischen Friedhof, ‚einen der leisesten und ergreifendsten Orte unserer Stadt'. Er liegt neben der Cestius Pyramide. Mit dem Aufkommen der ‚Italiensehnsucht' kamen seit dem 18. Jahrhundert verstärkt Ausländer nach Rom, vor allem Engländer und Deutsche.

Die katholische Kirche weigerte sich, diese Nicht-Katholiken auf den allgemeinen Friedhöfen wie dem Campo Verano zu bestatten. So entstand dieser ‚Nicht-Katholische' Friedhof. John Keats und Percy Bysshe Shelley gehörten zu den ersten Berühmtheiten, die dort beerdigt wurden. Die meisten Beerdigungen fanden heimlich und bei Nacht statt, nachdem sie weder vom Klerus noch von der Bevölkerung gerne gesehen wurden.

Fast 4000 Menschen sind hier begraben. Zwei Söhne Wilhelm von Humboldts liegen hier, ebenso wie Goethes Sohn August, dessen Grabstein lediglich die Inschrift GOETHE FILIVS / PATRI / ANTEVERTENS / OBIIT / ANNOR[VM] XL / MDCCCXXX trägt. ‚Goethes Sohn ist dem Vater im Alter von 40 Jahren im Tod vorausgegangen'.

Auch ein Italiener liegt hier: Antonio Gramsci, der Gründer der italienischen kommunistischen Partei. Auf seinem Grabstein steht einfach nur ‚Cinera Antonio Gramsci', ‚die Asche Antonio Gramscis'. Auf vielen Grabsteinen stehen nur literarische Anspielungen, da die Kirche jegliche Bezüge auf die ewige Ruhe der Toten verboten hatte. Auf Keats Grabstein steht ‚Here lies one whos name was write in water' – die einzigen Verse, die Keats in Rom gedichtet hat.

Wer Glück und Geduld hat, kann ein paar Katzen beim Spielen beobachten, die sich sonst an der Cestius Pyramide herumtreiben, oder er sucht das Grab von Ingeborg Hoffmann, der Frau Michael Endes, der Jim Knopf und Lukas der Lokomotivführer oder die unendliche Geschichte geschrieben hat.

Via Caio Cestio, 6, täglich 9-16:30 | So 9 -12:30

Sankt Paul vor den Mauern

Es ist viel spekuliert worden über diese Kirche, die im Juli 1823 zum Teil abgebrannt ist und deren unversehrte Überreste vom Architekten der gegenwärtigen Kirche, Luigi Poletti, abgerissen wurden. Wir sehen hier also eine moderne Kopie der alten Basilika, um die sich viele Mythen ranken.

Da wäre zum einen das 2006 wiederentdeckte Grab des Apostels Paulus. Der ungewöhnlich große, etwa 2,4 Meter lange Sarkophag wurde unter einem spätantiken Epitaph mit der Inschrift Paulo Apostolo Mart (‚dem Apostel und Märtyrer Paulus') an der Basis des Hauptaltars gefunden, wo das Grab des Apostels seit etwa 1600 Jahren verehrt wurde. Ob in dem Sarkophag wirklich Paulus von Tarsus liegt, bleibt allerdings ungewiss, da ein Nachweis wissenschaftlich unmöglich ist.

Noch viel mysteriöser ist allerdings die Prophezeiung des Malachias. Laut dieser Weissagung sollte es noch genau 112 Päpste geben und dann entweder die Welt untergehen oder aber Christus wieder erscheinen. Daher gab es in St. Paul genau 112 Reliefs für Papstbilder. In dem letzten befand sich das Bild Johannes Paul II. Um dem bevorstehenden Weltuntergang vorzubeugen, ließ man einfach 25 weitere Reliefs einbauen.

Heute weiß man, dass die Prophezeiung des Malachias eine Fälschung ist, mit Hilfe derer die Papstwahl im Jahr 1590 manipuliert werden sollte. Dennoch bleibt die Frage, wie lange sich die Apokalypse aufhalten lässt …

Die 7 römische Pilgerkirchen

auf einen Blick

San Pietro in Vaticano | S. 29
7.00 – 19:00 Uhr

San Giovanni in Laterano | S. 46
Piazza di San Giovanni in Laterano, 4
7:00 – 18:30 Uhr

Santa Maria Maggiore | S. 48
Via Liberiana, 27 | 7:00 – 19:00 Uhr

San Paolo fuori le Mura | S. 80
Via Ostiense, 189 | 7:00 – 18:30 Uhr

Santa Croce in Gerusalemme
Ruhige Kirche in der Nähe zur Porta Maggiore; beeindruckendes Mosaik in der Apsis
Piazza S. Croce in Gerusalemme, 12
7:30 – 12:30 | 15:30 – 19:30
So 7:30-19:30

San Lorenzo fuori le Mura
Ruhige Kirche am Cimitero verano; der Kreuzgang lädt zum Verweilen ein
Piazzale del Verano, 3
7:30-12:00 | 16-19:00r

San Sebastiano fuori le Mura |
Via Appia Antica, 136 | 10:00-17:00

Orte der Stille

In einer Stadt wie Rom einen Ort zu finden, an dem man einmal kurz die Seele baumeln lassen kann, ist nicht einfach. Manchmal ergibt es sich dennoch. Es gibt viele kleine Parks, die wir schon aus Platzgründen nicht in diesen Führer aufnehmen konnten, wo eine Bank zu einem ruhigen Moment einlädt. Man kommt an einer kleinen Bar, einem kleinen Café vorbei und setzt sich hin, um etwas zu trinken. Mit einer größeren Gruppe würden wir immer einen der Parks empfehlen (siehe S. 77). Dort lässt sich ebenso gut herumtollen wie auch einfach einmal eine Siesta einlegen. Hier noch ein paar persönliche Tipps, zu Plätzen, die zum Teil schon an anderer Stelle erwähnt wurden.

Villa Borghese

Die schon erwähnte Villa Borghese suchen wir immer gerne auf, um zu entspannen. Besonders am Morgen zum Laufen oder um eine Runde auf dem See zu Rudern. Der Park ist so groß, dass er außer am Sonntag, wenn ganz Rom mit Kind, Kegel und der Oma dort zu sein scheint, nie überlaufen wirkt. (siehe S. 91)

Giardino degli Aranci

Auch der bereits erwähnte Giardino degli Aranci, der Orangengarten, oberhalb der Altstadt auf dem Aventin lädt zum Entspannen ein (siehe S. 61).

Chiostro del Bramante

Ein kleiner Geheimtipp ist der Innenhof des Chiostro del Bramante (Arco della Pace, 5), ein ehemaliges Kloster, das heute als Museum dient und in dessen Innenhof man ruhig einen Café trinken kann oder einfach nur auf einer Bank sitzen. Lärm und Hektik bleiben draußen.

Santa Prassede

Natürlich sind auch Kirchen wunderbare Orte der Stille und der Besinnung. Die meisten Kirchen im Rom sind allerdings zwischen 12 und 15 Uhr geschlossen, also nicht enttäuscht sein, wenn man zu dieser Zeit nicht hineinkommt. Eine der Kirchen, wie wir sehr schätzen, ist Santa Prassede – wir haben sie schon im Kapitel über die Katakomben erwähnt. Es ist nicht nur ein ruhiger Ort, es gibt dort auch wunderschöne byzantinische Glasmosaike zu sehen.

Via di Santa Prassede, 9, 10-12:00 | 16-18:30

Santi Quattro Coronati

Auch Santi Quattro Coronati gehört zu den Kirchen, in denen wir gerne einmal innehalten. Sie gehört heute zu einem Kloster der kontemplativen Augustiner Schwestern. Schon die Kirche allein ist sehenswert und ein Ort der Ruhe. Wer einen wirklich schönen Moment erleben will – und einen Augenblick der Kontemplation sucht – sollte jedoch an der Klosterpforte läuten. Gegen eine kleine Spende darf man den Kreuzgang betreten, in dessen Abgeschiedenheit man zu sich selbst finden kann – oder zu Gott. Auch ein Oratorium mit Fresken aus dem 13. Jahrhundert, das die Silvesterlegende erzählt, ist mehr als nur einen Blick wert.

Via dei Santi Quattro, 20
täglich 6:30-12:45 | 15:15-19:30

Santa Constanza

Auch die Kirche Santa Constanza ist so ein Kleinod. Versteckt gelegen, nur von wenigen Touristen besucht. Es ist ein Rundbau, in den zu jeder Tageszeit das Licht in anderen Winkeln einfällt. Auch diese Kirche ist ein Ort der Stille, ein Ort, an dem die großen Touristenströme vorbeigehen. Ein Ort, in dem man sich auch mit mehreren Personen verteilen kann, seinen Gedanken nachhängen, zum Gebet finden. Ein Ort, der zur Zwiesprache mit dem Schöpfer förmlich einlädt.

(siehe auch Priscilla Katakombe S. 71)

Via Nomentana, 349, 9 - 12:00 | 15 -18:00

Santo Stefano in Rotondo

Die Kirche ist über 1600 Jahre alt und wurde vor einigen Jahren aufwendig restauriert. Es ist ein Rundbau, der mit Licht und Schatten zur Ruhe einlädt und nachdenklich macht. Wer sich ein wenig gruseln will, schaut sich die blutigen Darstellungen der Märtyrer genauer an.

Via Santo Stefano Rotondo, 7, Öffnungszeiten: 10:00-13:00 | 14-17:00 | Mo geschlossen

San Vitale

Ein Ort von erstaunlicher Ruhe ist auch die Kirche San Vitale an der viel befahrenen Via Nationale. Die Kirche liegt heute 6 m unter dem Straßenniveau und man geht 35 Stufen hinunter.

Via Nazionale, 194/B, täglich 7:45-19:00 Uhr

Es gibt noch viele solche Kirchen in Rom. Vielleicht geht ihr einfach in die Kirche bei eurem Hotel um die Ecke.

Schöne Aussichten

Es gibt viele Orte in Rom, an denen man einen wunderschönen Blick auf die Stadt werfen kann. Viele sind bereits in unseren Führungen erwähnt. Hier ein kurzer Überblick:

- Giardino degli Aranci auf dem Aventin S. 61
- Aussichtsplattform in der Villa Borghese S. 91
- Aussichtsterrasse auf dem Gianicolo S. 58
- Aussichtsterrasse auf dem Quirinal S. 62
- Aussichtsterrasse vom Capitol mit Blick auf das Forum Romanum
- Monumento Nazionale a Vittorio Emanuele II an der Piazza Venezia (tagsüber geöffnet und kostenlos zugänglich) S. 97
- Kuppel vom Petersdom S. 34 (Eintritt)
- Palatin S. 8 (Eintritt)

Leonardo Da Vinci Experience - ein Museum das sich lohnt

Leonardo war ein Genie - so fasst es das Museum in einem Satz zusammen. Geboren 1452 war er als Maler, Architekt, Anatom, Mechaniker, Ingenieur, Wissenschaftler und Naturphilosoph schon seinerzeit sehr bekannt. Neben seinen berühmten Bildern wie der Mona Lisa und der Zeichnung des Vitruvianischen Menschen, den ihr sicher aus dem Kunstunterricht kennt, war er auch ein Erfinder.

In Rom gibt es derzeit drei Museen, die vor allem seine Erfindungen zeigen. Viele der Modelle gab es bisher nur als Zeichnungen. Alle drei Museen sind nach dem gleichen Konzept aufgebaut, neben einem guten Audioguide gibt es auch viele Maschinen, die man selber ausprobieren kann. Nicht nur Kinder kommen hier auf ihre Kosten. Wir waren in dem Museum an der Via della Conciliazione 19 und waren sehr begeistert.

Hier die 3 Standorte:

Via della Conciliazione, 19, 00193 Rom
Öffnungszeiten täglich 9-19:30
Eintritt: 12 € | 6-15 Jahre 10 € | unter 5 Jahre freier Eintritt | Audioguide kostenlos

P.zza della Cancelleria, 1 - 00186 Rom
Mo-Fr 9:30-19:00 | Sa/So 9:30-19:30
Eintritt: unter 4 Jahre kostenlos | 5-12 Jahre 6 € | 13-18 Jahre, Studenten mit Ausweis und Senioren ab 65 Jahre 7 € | 19-64 Jahre 9 €

Piazza del Popolo, 12, 00187 Roma
Öffnungszeiten täglich 10-19:00
Eintritt: Eintritt: 12 € | 6-15 Jahre und Senioren über 65 Jahre 10 € | unter 5 Jahre freier Eintritt | Audioguide kostenlos

Kunstwerk aus Knochen - Museum und Krypta der Kapuzinermönchen

Kardinal Antonio Barberini, dem Bruder von Papst Urban VIII., ließ die Kirche Santa Maria della Concezione dei Cappuccini' (Unsere Liebe Frau von der Empfängnis der Kapuziner) in den Jahren 1626 bis 1631 bauen. Sie gehört bis heute zu einem Kapuzinerkloster.

Die Kirche ist besonders für das Beinhaus berühmt. In sechs, durch einen Gang verbundenen Räumen wurden Schädel, Beckenknochen, Wirbel und Schulterblätter zu Wanddekorationen, Blüten, und biblischen Darstellungen arrangiert. Auch ein komplett aus Knochen gefertigter Leuchter, der von der Decke des Raumes hängt, ist zu sehen.

In dem Museum zeigt verschiedene Exponate des Kapuzinerordens. Im Rahmen einer sehr guten, kurzweiligen Audioguide-Tour erklärt ein junger Mönch einem Besucher anhand der Exponate das Leben als Kapuziner und die Ordensgeschichte.

Öffnungszeiten täglich 10-19:00
Abendbesichtigungen buchbar
Eintritt:
10 € | Gruppenpreis ab 10 Pers. 7,50 €
7-25 Jahre und über 65 Jährige 6,50€ |
unter 7 Jahren frei | Audioguide (deutsch) inklusive
Via Vittorio Veneto 27, 00187 Rom
https://museoecriptacappuccini.it/de/

Einkaufszentrum Caput Mundi - den Weg kann man sich sparen

Viel Lärm um nichts dachten wir bei unserem ersten Besuch des 2023 eingeweihten vatikanischen Einkaufszentrums. Es ist schon schwer zu finden, denn es liegt versteckt in dem Parkhaus am Fuße des Gianicolo.

Um dort hinzufinden, biegt ihr von der Via della Conciliazione in die Via Padre Pfeiffer Pancrazio und geht dort in den Zugang zum Parkhaus ‚Terminal Gianicolo'. Dort fahrt ihr mit den Rolltreppen so hoch es geht und wechselt dann in den Fahrstuhl. Ganz oben in dem Gebäude findet ihr dann das Einkaufszentrum.

Versprochen werden auf 5.000 qm 40 Geschäfte - gefühlt sind es weniger - die eigentlich eher eine Ansammlung von Boutiquen sind. Ein winziger Lebensmittelladen ist auch da.

Täglich 10-20:00 geöffnet
Via della Stazione di S. Pietro, 8/C, 00165
Roma RM, Italien

Sport
und Orte zum Entspannen

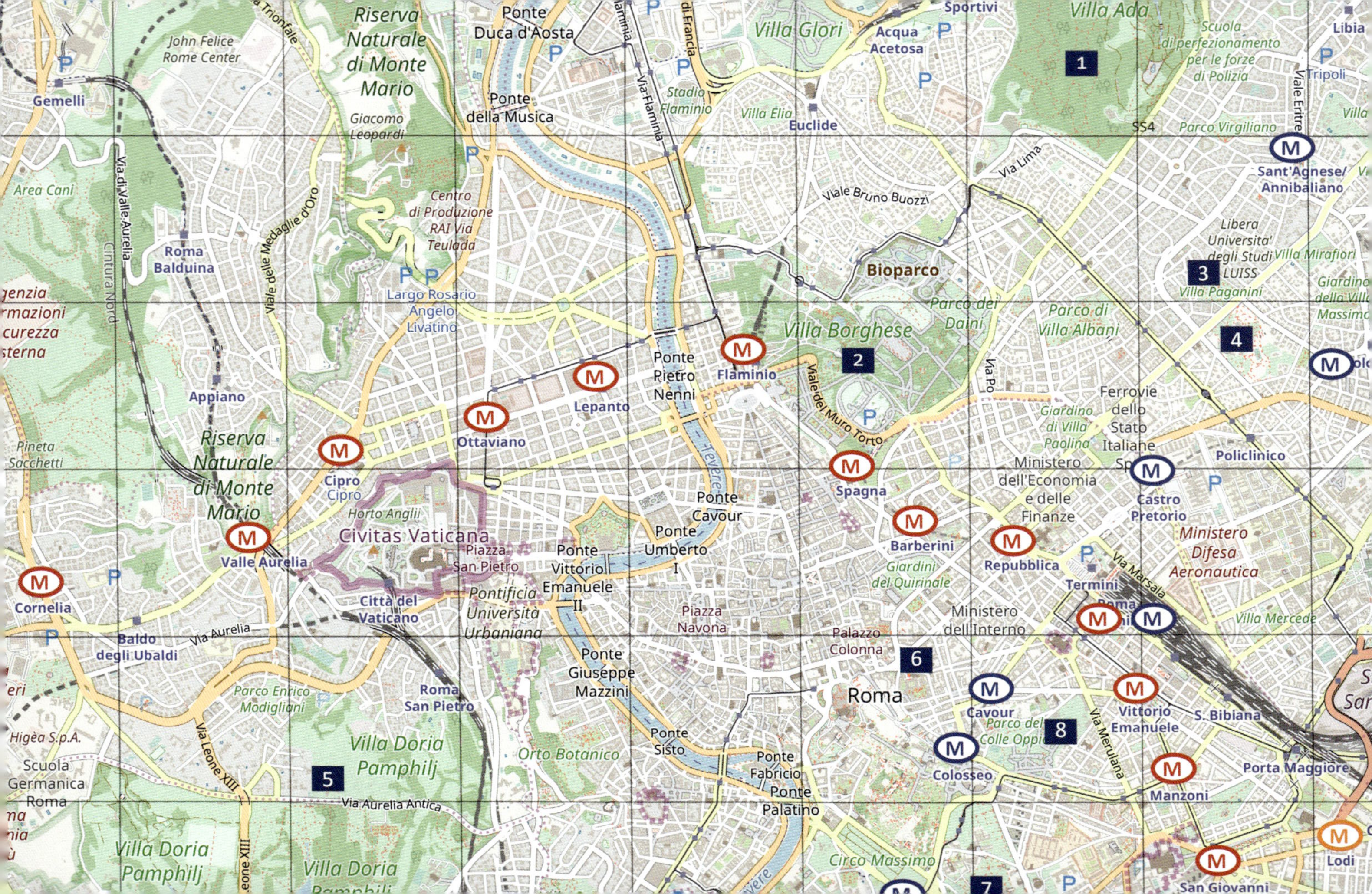

Villa Ada
1
Villa Glori
Acqua Acetosa
Sportivi
Scuola di perfezionamento per le forze di Polizia
Libia
Tripoli
Viale Eritrea
Sant'Agnese/Annibaliano
Parco Virgiliano
SS4
Villa Elia
Euclide
Stadio Flaminio
Via Flaminia
Ponte Duca d'Aosta
Ponte della Musica
Riserva Naturale di Monte Mario
Giacomo Leopardi
John Felice Rome Center
Gemelli
Via di Valle Aurelia
Cintura Nord
Area Cani
Roma Balduina
Viale delle Medaglie d'Oro
Centro di Produzione RAI Via Teulada
Largo Rosario Angelo Livatino
Appiano
Pineta Sacchetti
Riserva Naturale di Monte Mario
Cipro
Valle Aurelia
Cornelia
Baldo degli Ubaldi
Via Aurelia
Ottaviano
Lepanto
Ponte Pietro Nenni
Flaminio
Viale Bruno Buozzi
Via Lima
Bioparco
Parco dei Daini
Villa Borghese
2
Viale del Muro Torto
Via Po
Libera Universita' degli Studi LUISS
3
Villa Paganini
Villa Mirafiori
Giardino della Villa Massimo
Parco di Villa Albani
4
Ferrovie dello Stato Italiane
Giardino di Villa Paolina
Policlinico
Castro Pretorio
Ministero dell'Economia e delle Finanze
Ministero Difesa Aeronautica
Via Marsala
Villa Mercede
Termini
Repubblica
Barberini
Spagna
Giardini del Quirinale
Ministero dell'Interno
Palazzo Colonna
6
Roma
Cavour
Parco del Colle Oppio
8
Colosseo
Via Merulana
Vittorio Emanuele
S. Bibiana
Porta Maggiore
Manzoni
San Giovanni
Lodi
7
Circo Massimo
Palatino
Ponte Fabricio
Ponte Palatino
Ponte Sisto
Tevere
Ponte Cavour
Ponte Umberto I
Ponte Vittorio Emanuele II
Piazza Navona
Ponte Giuseppe Mazzini
Orto Botanico
Civitas Vaticana
Horto Anglii
Piazza San Pietro
Città del Vaticano
Pontificia Università Urbaniana
Roma San Pietro
Parco Enrico Modigliani
Villa Doria Pamphilj
5
Via Aurelia Antica
Via Leone XIII
Higèa S.p.A.
Scuola Germanica Roma

Villen und Parks

Wer im hektischen Rom vielleicht einmal das Bedürfnis verspürt, eine halbe Stunde im Schatten zu sitzen, den Freund oder die Freundin im Arm zu halten, oder einen Platz sucht, wo man mit seiner Gruppe ein Picknick machen kann, nachdem man im Supermarkt um die Ecke eingekauft hat: Hier findet ihr eine Auswahl von Parks, wo man einmal abhängen oder auch eine Runde Fußball spielen kann.

Man sollte meinen, Villen gehören zum langweiligsten, was man in einer großen Stadt finden kann. Nun, die meisten der Villen, die man auf dem römischen Stadtplan findet, sind vor allem Parks. Die Villa, die in einem solchen Park liegt, ist nämlich meistens nicht zugänglich.

Die folgenden Parks lohnen einen Besuch, um die Seele baumeln zu lassen oder auch eine Runde Fußball zu spielen. Letzteres geht allerdings nur in den größeren.

Wer sich näher informieren will, auch zur Geschichte der Parks und der Gebäude und zudem der italienischen Sprache mächtig ist, findet hier umfangreiches Material:

http://www.sovraintendenzaroma.it/i_luoghi/ville_e_parchi_storici

1 Villa Ada

Wer Platz zum Toben braucht, ist bei der Villa Ada, mit 160 ha einem der größten Parks Rom, genau richtig. Unweit der Metro Station S. Agnese gelegen, lässt sich der Besuch hier mit einem Besuch der Priscilla Katakomben, des Mausoleums der heiligen Constanza oder der Villa Leopardi verbinden.

Adresse: Via Salaria, 267/273/275 Öffnungszeiten: 7 Uhr bis Sonnenuntergang

2 Villa Borghese

Etwas mehr im Zentrum befindet sich der Pincio, ein Hügel, der nicht zu den sieben Hügeln Roms zählt, weil er außerhalb der alten Stadtgrenzen liegt. Dort liegt der 80 ha große Park der Villa Borghese und auch die Galleria Borghese, eine der bedeutendsten privaten Kunstsammlungen der Welt. Die Villa Borghese ist nicht nur das beliebteste Spiel-, Spaß- und Picknickgelände der Römer, der Park liegt auch sehr zentral und ist über die Metrostationen Flaminio und Spagna, sprich die spanische Treppe, leicht zu erreichen – außerdem ist er immer geöffnet und eine Terrasse auf der Nordseite bietet einen wunderbaren Blick auf Rom.

Piazzale Napoleone I | rund um die Uhr offen

3 Villa Alberoni Paganini

Die Villa Alberoni Paganini liegt an der Via Nomentana gegenüber der Via Torlonia. Der Name geht auf einen der ehemaligen Besitzer, den Senator Roberto Paganini zurück, die besondere Gestaltung der Parkanlagen ist jedoch mit Kardinal Giulio Alberoni verbunden. Der Park ist über 25000 Quadratmeter groß und für Spiel und Ruhe gleich gut geeignet.

Adresse: Largo di Villa Paganini, 6
Öffnungszeiten: 7 Uhr bis Sonnenuntergang

4 Villa Torlonia´

Direkt gegenüber befindet sich die Villa Torlonia. Dieser Park ist ein ganzes Stück größer, er umfasst über 14 ha. Auf dem Gelände befinden sich zwei kleine Seen, mehrere Museen, ein Hartplatz und auch ein Restaurant.

Adresse: Via Nomentana, 70
Öffnungszeiten: Oktober - März 7.00 - 19.00
April bis September 7.00 - 20.30

5 Villa Doria Pamphilj

Mit 181 ha ist die Villa Doria Pamphilj die größte Parkanlage Roms. Sie ist mit öffentlichen Verkehrsmitteln nicht ganz so einfach zu erreichen, von Trastevere oder vom Gianicolo aus kommt man jedoch leicht zu Fuß hin.

Adresse: Via di S. Pancrazio
Öffnungszeiten: 7:00 bis Sonnenuntergang

6 Villa Aldobrandini

Die Villa Aldobrandini liegt im Herzen der Altstadt an der Via Nazionale direkt neben der der Banca D'Italia. Der Park ist ein echtes Kleinod (nur 8.000 qm groß), das kaum ein Tourist je entdeckt.
Der Eingang liegt an der Via Mazzarino.

Adresse: Via Cardinal Massaia, 18
Öffnungszeiten: Mo-Fr 9 – 13:00 | 15 – 18:00

7 Villa Celimontana

Die Villa Celimontana liegt in der Via della Navicella, zwischen den Caracalla Thermen und Santo Stefano Rotondo. Es ist ein romantischer, gar nicht so kleiner Park (11 ha) mit zahlreichen Brunnen und Teichen. Zum Picknicken bestens geeignet.

Adresse: Via della Navicella | 7:00-20:00 Uhr

Villa Flora & Villa Bonelli

Wer im Westen Roms, vor allem im Stadtteil Portuense, eine Unterkunft gefunden hat, ist nicht nur schnell mit der Bahn im Zentrum, er hat auch zwei schöne Parks quasi ums Eck: zum einen die Villa Flora und zum anderen die Villa Bonelli. Beide sind eher klein, etwa 4 ha groß aber dennoch bestens für Picknick, Spaziergang, ‚Abhängen' geeignet. Im Gegensatz zu den vorher beschriebenen Villen handelt es sich um Wohnsitze reicher Bürger, die natürlich mit den Parks des Adels auch größenmäßig nicht mithalten konnten.

Villa Flora in der Via Portuense 610
Öffnungszeiten: 7 Uhr bis Sonnenuntergang

Villa Bonelli in der Via Camillo Montalcini 1
Öffnungszeiten: 7 Uhr bis Sonnenuntergang

Es gibt noch zahlreiche weitere bürgerliche Villen in Rom, die sich alle auf der oben genannten Webseite der Sovraintendenza finden lassen. Sie sind teilweise architektonisch sehr interessant, für einen Besuch mit Jugendgruppen jedoch eher weniger geeignet.
Die richtigen Parks in Rom sind oft so klein, dass sie eigentlich keiner Erwähnung bedürfen. Einige möchten wir dennoch herausgreifen, da sie interessant liegen und/oder interessante Ausblicke bieten:

8 Parco del Colle Oppio

Der Parco del Colle Oppio liegt südlich gegenüber dem Kolosseum, umfasst etwa 11 ha, bietet besonders am Morgen einen imposanten Blick auf das Kolosseum und ist ganz allgemeinen ein guter Ort, um sich nach dem Besuch des antiken Roms zu erholen. Direkt dahinter befinden sich die Überreste der Trajansthermen, unter dem Park liegt die Domus Aurea, die Überreste der prächtigen 3-stöckigen Palastanlage von Kaiser Nero, die manchmal besichtigt werden kann (ist oft wegen Bauarbeiten geschlossen). Im Park gibt es nicht nur Rasenflächen, es stehen dort auch zahlreiche Bänke.

Viale del Monte Oppio | 9:00 – 21:00 Uhr

Parco del Pineto Sacchetti

Wer nördlich des Vatikans eine Unterkunft gefunden hat, sollte sich den Parco del Pineto Sacchetti anschauen, wenn er den Touristenströmen rund um den Vatikan entrinnen möchte. Von vielen Hotels aus kommt man leicht zu Fuß dort hin, sonst auch mit Bus oder Bahn nach Roma Balduino. Es ist ein riesiger Park, also Fußball, Frisbee und Picknick nicht vergessen.

Via della Pineta Sacchetti, 78
Öffnungszeiten: rund um die Uhr

Rom bei Nacht

Das römische Nachtleben findet vor allem draußen in den Gassen und auf den Plätzen statt. Rom bei Nacht ist ein besonderes Erlebnis. An diesen Plätzen treffen sich abends nicht nur die römischen Jugendlichen.

Campo dei Fiori

Wo morgens die Marktstände stehen, trifft sich abends die Jugend von Rom. In den umliegenden Pizzerien, Cafés und Bars kann man gemütlich draußen sitzen und das Treiben beobachten und Römer kennenlernen. Campo dei Fiori S. 17

Piazza della Madonna dei Monti

Das angesagte Künstlerviertel hat in den letzten Jahren deutlich an Bekanntheit gewonnen, dennoch ist es ein spannendes, alternatives Viertel.

Piazza Santa Maria di Trastevere

Auf der Piazza Santa Maria di Trastevere trifft sich Jung und Alt und Straßenkünstler führen ihre Kunststücke vor. Die Bars und Cafés laden zum Verweilen und die malerischen Gassen zum Bummeln ein.

Gianicolo

Von der Terrazza Gianicolo hat man einen wunderschönen Blick auf das nächtliche Rom. Der Platz ist auch bei den Italienern sehr beliebt. Bus 115 | 870.

Testaccio

Gegen 23:00 Uhr verwandelt sich das Viertel Testaccio in Roms Partymeile. In der Umgebung der Via Galvani befinden sich mehrere Tanzlokale und Nachtklubs. Im Sommer sind die meisten Klubs jedoch geschlossen. Sie veranstalten Strandpartys in Fregene, Maccarese und Ostia.

Stadtbummel durchs Centro Storico

Ein besonders schöner nächtlicher Stadtbummel führt durch das Centro Storico:

- Spanische Treppe
- Fontana di Trevi
- Pantheon
- Piazza Navona
- Campo dei Fiori (siehe Tour S. 17)

Tiber und Engelsburg

Auch ein abendlicher Spaziergang am Tiber entlang von der Ponte Umberto oder der Ponte Sant Angelo bis zum Vatikan ist ein Erlebnis. (siehe S. 43)

Straßennamen: Via XX Settembre und mehr

Straßennamen können viel über eine Stadt oder ein Land aussagen. Wer sich die Mühe macht, einmal diverse Datenbanken oder einfach Google Maps nach den italienischen Monatsnamen zu durchsuchen, wird auf 20 Tage im Jahr stoßen, die in unterschiedlichen Regionen Italiens als Straßennamen dienen.
Was hat es mit diesen Tagen oder Daten auf sich? Wir haben für die Straßen Roms einmal etwas recherchiert:

Via XXI Aprile

Das früheste Datum im Jahr, das als Straße auftaucht, ist der 21. April. Es ist ein mystisches Datum, nämlich der Tag, an dem die Stadt Rom angeblich im Jahr 753 die Welt erblickt hat: Romulus und Remus gründeten Rom. Viele Jahrhunderte wurde der Kalender Roms nach diesem Datum ausgerichtet. Man zählte die Jahre nach Gründung der Stadt „ab urbe condita“. Die Via XXI Aprile ist eine große Straße, die direkt hinter der deutschen Akademie der Villa Massimo verläuft und in die Nomentana mündet.

Via XXX Aprile

Die nächste Straße im Jahreslauf ist dem 30. April gewidmet. Sie liegt in Trastevere und erinnert an den Tag der letzten Schlacht des zweiten Weltkriegs auf italienischem Boden.

Via XX Settembre

Der 20. September erinnert an die ‚Presa di Roma‘, ein wichtiges Datum während der italienischen Befreiungskriege. Am 20. September 1870 wurde Rom eingenommen – unter rein symbolischem Widerstand und anschließender Kapitulation der päpstlichen Armee. Die Straße ‚Viale XX Settembre‘ liegt im Herzen Roms und führt hinter dem Quirinal zur Via Nomentana.

Viale IV Novembre

Direkt neben der Piazza Venezia findet man die Viale IV Novembre.
Der 4. November erinnert an die Schlacht bei Vittorio Veneto gegen Ende des Ersten Weltkrieges vom 24. Oktober 1918 bis zum 3. bzw. 4. November 1918. Sie führte zum Waffenstillstand von Villa Giusti bei Padua und zur Niederlage Österreich-Ungarns im Krieg gegen Italien.

Sollten euch während eures Besuches weitere Straßen mit einem Datum als Namen auffallen, lasst es uns wissen:
projectroma @ mediathoughts.net
Vielleicht findet ihr ja sogar heraus, worum es sich bei dem Datum dreht.

Monumento nazionale a Vittorio Emanuele II

Am Nationaldenkmal Viktor Emanuels II., auch Altare della Patria oder Altar des Vaterlandes genannt, kommt man bei keinem Rombesuch vorbei. Das immense Monument aus weißem Marmor erinnert an eine Schreibmaschine und ist mit der großen Busstation nicht nur ein Verkehrsknotenpunkt, es ist auch von nahezu überall zu sehen, da es die umliegenden Gebäude überragt.

Es wurde 1885 zum Gedenken an König Viktor Emanuel II errichtet, der Italien zu einem Land vereinigte und beherbergt das Grabmal des unbekannten Soldaten.

Der kostenlose Besuch und Aufstieg auf die oberen Terrassen lohnt sich. Man hat einen wunderbaren Blick über die Stadt und auf das Forum Romanum.

Ein kleines Museum erzählt die Geschichte der Vereinigung Italiens (kostenlos). Mit einem Lift erreicht man gegen Zahlung von 12 € die oberste Terrasse.

Piazza Venezia | täglich 9:30-19:30 | kostenlos

Lido die Ostia & Schwimmbäder: Erfrischungsideen für heiße Tage

Lido di Ostia

Lido di Ostia liegt ca. 28 km südwestlich des römischen Stadtzentrums am Meer und ist mit dem Regionalzug von den Bahnhöfen Stazione Ostiense/Porta San Paolo | Basilica S. Paolo | EUR Magliana in knapp einer halben Stunde zu erreichen.

Der Sandstrand ist mäßig sauber und an heißen Tagen kann es dort auch schon einmal voll werden. Für eine Abkühlung und einen Bummel mit einem Gelato am Stand ist es aber ein lohnenswerter Ausflug. Wer ungestört baden will, muss weiter nach Süden laufen, Richtung des Naturparks Castel Fusano.

Die Fahrt nach Ostia ist im ATAC-Ticket des Innenstadtbereichs (Zone 1) inbegriffen.

Ostia Antica

Man muss nicht unbedingt nach Pompei fahren, um eine gut erhaltene altrömische Stadt zu besuchen. In Ostia Antica lebten im 2. Jahrhundert rund 100 000 Menschen und der Hafen war ein wichtiger Warenumschlagplatz für ganz Italien. Heute kann man eine antike Kleinstadt besuchen mit Häusern, die bis zum 2. Stock erhalten sind, einem Forum ,Tempeln und einem Amphitheater für 3000 Besucher.

Das Ausgrabungsgelände Ostia Antic, liegt direkt auf dem Weg zum Lido. Einen Besuch am Nachmittag kann man danach gut am Strand ausklingen lassen.

Viale dei Romagnoli, 717, 00119 Roma
Di-So 8:15-19:15 | Mo geschlossen
Eintritt: 18 € | 18-25 Jahre 2 € | unter 18 frei
Regionalzug Lido di Ostia bis Ostia Antica
www.ostiaantica.beniculturali.it/en

Wer nicht im Sommer in Rom ist oder keine Lust auf Salzwasser hat, ist hier besser bedient:

Schwimmbäder:

- Piscina communale, Via Lucrezia Romana, 12
- Rari Nantes Nomentano, Via del Frantoio
- Piscina communale, Via Montona
- ASD FUNSPORT (Hallenbad), Via Giuseppe de Luca 30
- Octopus, Via della Tenuta di Terranova, 128/C
- Juventus nuoto
  Schwimmhalle & Freibad
  via Bravetta 539, 00164 Rom
  http://www.juventusnuoto.net/

Essen wie die Römer

Römische Märkte - Ein Erlebnis von Vielfalt und Frische

Bei Markt denken viele Besucher Roms an den Flohmarkt an der Porta Portese. Er genießt den zweifelhaften Ruf, dass man dort zurückkaufen könne, was einem in der letzten Woche geklaut wurde. Heute ist er, unserer Erfahrung nach, eher ein Markt für billig importierten Trödel.

Die Märkte, auf die wir hier verweisen, sind die sogenannten Mercati Rionali, also die Märkte, die es in den meisten Vierteln Roms noch gibt und wo man gute und frische Ware zu günstigen Preisen erwerben kann. Sie sind in der Regel in großen Markthallen und nicht unter freiem Himmel. Es gibt dort Obst und Gemüse, ebenso wie Fleisch, Fisch und Wurst und Käse. Häufig werden auch Kleinigkeiten wie Panini angeboten. Nicht wenige Restaurantbesitzer kaufen am Morgen auf diesen Märkten das ein, was sie ihren Gästen am Mittag und Abend vorsetzen. Diese Märkte sind nicht nur zum Einkauf (bei Selbstversorgern) einen Besuch wert. Die Frische der Produkte, der Duft, die Atmosphäre, der billige Espresso und das Gespräch mit den Einheimischen sind unbezahlbar.

1. Campo dei Fiori (S. 17)

Der wohl bekannteste unter den römischen Märkten; vor allem Fisch, Gemüse und Obst sind hier erhältlich, aber heute auch leider viel touristischer Tand.

Piazza Campo de'Fiori | Mo-Sa 7-14:00

2. Mercato dell'Unita (S. 109)

Lebensmittelmarkt des Viertels Prati in einer sehenswerten, architektonisch interessanten Halle, die 1928 im neoklassizistischen Stil erbaut wurde.

Via Cola di Rienzo, Höhe Piazza del Unità
Mo-Sa 7:30-19:30 Uhr

3. Piazza Alessandria (S. 121)

Lebensmittelmarkt in einer Jugendstil-Markthalle. Außerhalb der Halle auch Blumen- und Gemischtwarenstände.

Piazza Alessandria (Trieste) | Mo-Sa 6-13.30

4. P.za San Cosimato (Trastevere S. 113)

Lebensmittelmarkt unter freiem Himmel.
Piazza San Cosimato | Mo-Sa 6:30-14.30

5. Mercato Nuovo Esquilino (S. 123)

Lebensmittelmarkt.
Via F. Turati | Mo-Sa 5-17:00

6. Testaccio (S. 127)

Lebensmittelmarkt
Via Aldo Manuzio 66b

Mo-Fr 7-14:30 | Sa 7-15:30

7. Trionfale (S. 107)

Lebensmittelmarkt

Via Andrea Doria | Mo-Sa 8-13:30

8. Mercato Campagna Amica al Circo Massimo (S. 123)

Lebensmittel aus der Umgebung von Rom mit kleinem Innenhof und leckeren frischen Kleinigkeiten

Via di S. Teodoro, 74 | Sa + So 8-15:00

Mercato Via Magnagrecia (S. Giovanni)

Lebensmittelmarkt in einer Markthalle

Via Magnagrecia |Mo-Sa 6-14:00

Römische Küche

Nein, wir wollen euch hier nicht in die Feinheiten der Küche im alten Rom einweihen – obwohl auch das nicht uninteressant ist. So galten beispielsweise Euter und Gebärmutter vom Schwein als besondere Delikatessen. Rindfleisch aßen höchstens die Armen, weil die Arbeitstiere zäh waren. Zu fast allen Nahrungsmitteln reichte man die Sauce *garum*, die hauptsächlich aus gesalzenen Fischinnereien bestand und lange gären musste. Dabei entwickelte sich ein solcher Gestank, dass die Zubereitung in der Stadt verboten war.

Wenn man heute an Italien denkt, fallen den meisten vor allem Pizza und Pasta ein. Gibt es eine besondere Pizza in Rom? Ja und nein. Die typische römische Pizza hat einen sehr dünnen Boden und wird immer in einem Holzofen gebacken (al legno). Der Belag kann sehr unterschiedlich sein, immer jedoch wird Mozzarella, eigentlich fiordilatte Mozzarella verwendet. Aber eine wirklich speziell römische Pizza gibt es eigentlich nicht. Einige gute Pizzerien findet ihr in unseren Restaurantempfehlungen.
Nicht mit der Pizza verwechseln sollte man die **Pinse** oder **Pinsa**, die auch in Rom angeboten wird. Eine Pinsa ist eine Art Focaccia, also ein Fladenbrot, das meistens aus Sauerteig zubereitet wird. Sie wird dann nach dem Backen verschieden belegt: mit Schinken, Mozzarella, Käse, Gemüse, ja sogar mit Porchetta di Ariccia (gerollter Schweinebauch) und Kastanienhonig. Unbedingt probieren!

‚Das' römische Nudelgericht ist zweifelsohne „**Cacio e Pepe**". Es besteht aus Tonarelli, ähnlich wie Spaghetti aber etwas dicker, Pecorino und Pfeffer. In Touristenrestaurants bekommt man es auch mit Spaghetti serviert. Die Kunst ist, den Käse in etwas Nudelwasser aufzulösen, ohne dass er durch die Hitze zusammenklebt. Die richtige Pasta ‚Cacio e Pepe' wird daher in einer leicht flüssigen Käsesauce mit extra Pecorino und Pfeffer serviert.

Der zweite Pastaklassiker aus Rom heißt **‚Gricia'** und stammt ursprünglich aus der Region um den italienischen Ort Amatrice. Die Gricia wird wie ‚Cacio e Pepe' zubereitet, dann kommen Stücke von gebratenem Guanciale dazu. Guanciale ist eine luftgetrocknete Schweinebacke, eine Spezialität aus Amatrice.
In Rom isst man auch sehr gerne, vor allem zwischen Januar und Mai, Artischocken. In vielen Restaurants bekommt man ‚**Carciofi alla Giuda**', also Artischocken jüdische Art angeboten. Es handelt sich um vorsichtig gebratene Artischocken, die mit Olivenöl und Zitronensaft beträufelt serviert werden. Das Gericht ist im jüdischen Ghetto entstanden und gehört zu unseren absoluten Favoriten.

Auch bei den Hauptgerichten gibt es nicht so viel, was man eindeutig Rom zuordnen könnte. Zwei Gerichte haben jedoch ihren Ursprung in Rom. Zum einen die **Porchetta**, bei der es sich um gebratenes

Spanferkel mit Lorbeer, Knoblauch und schwarzem Pfeffer, handelt. Zum anderen die auch im deutschsprachigen Raum bekannte **Saltimbocca alla Romana,** eine mit Schinken und Salbei belegte Kalbfleischscheibe, die in Weißwein gedünstet wird.

Nachspeisen sind jetzt nicht gerade die starke Seite der römischen Küche – da gibt es eigentlich nur, was es auch sonst in Italien gibt. Für uns gehört ein Cafè, sprich ein Espresso, unbedingt dazu, für ein ‚dolce', sprich eine Nachspeise, machen wir es wie viele Römer auch und gehen zur nächsten Eisdiele.

Cosa mangiamo?

Was essen wir ist eine Frage, die sich jede Gruppe in Rom stellen wird. Für den kleinen Hunger bieten sich die gut versteckten Supermärkte an, in denen man Wurst, Schinken, Käse, Brot ebenso wie Obst, eingelegte Gemüse und Süßes kaufen kann. Persönlich würde ich ein solches Picknick immer einem Besuch in einem Fast Food Restaurant vorziehen, aber das ist sicher Geschmackssache.

Wenn man warm essen möchte und nicht selbst kocht, muss es eine Trattoria, Osteria oder eben ein Ristorante sein.

Rom ist nicht billig, schon gar nicht im Centro Storico. Wir haben versucht, im Zentrum und in den wichtigsten Vierteln gute und günstige Restaurants zu finden.

Die Restaurantszene in Rom ist schnelllebig – vor allem die hippen Kleinen wechseln unglaublich schnell den Platz. Seid also nicht böse, wenn ihr mal etwas nicht findet. Wir sind immer dankbar für Rückmeldungen, denn auch wenn wir viel in Rom unterwegs sind, kann man nicht alles im Blick behalten.

Noch ein Tipp: Wenn ihr in einem nicht so touristischen Viertel untergekommen seid und euch der Wirt oder die Wirtin einen Tipp für eine Trattoria oder Osteria geben, solltet ihr dieses Wirtshaus einfach ausprobieren. Sagt dem Kellner oder der Kellnerin wer euch geschickt hat, und ihr werdet (fast) als Einheimische behandelt.

Also: Buon Appetito!

<u>Legende zu Karten S. 82 - S. 95:</u>

Restaurants

Eisdielen

1 **Märkte**

Supermärkte

Das Einkaufswagen-Symbol auf den Karten zeigt weitere Supermärkte an. Wir haben die schwer findbaren in Nähe des Kolosseums markiert.

Restaurants

- rund um den Vatikan auf S. 107 - S. 111
- in Trastevere auf S. 113
- in Gianicolense auf S. 115
- im Centro Storico auf S. 117 - 119
- auf dem Esquilino auf S. 121
- in Monti auf S. 123
- in San Lorenzo auf S. 125
- in Ostiense auf S. 127
- rund um San Paolo fuori le mura auf S. 129
- in Restaurants Nähe der Villen nordöstlich des Centro Storico auf S. 130

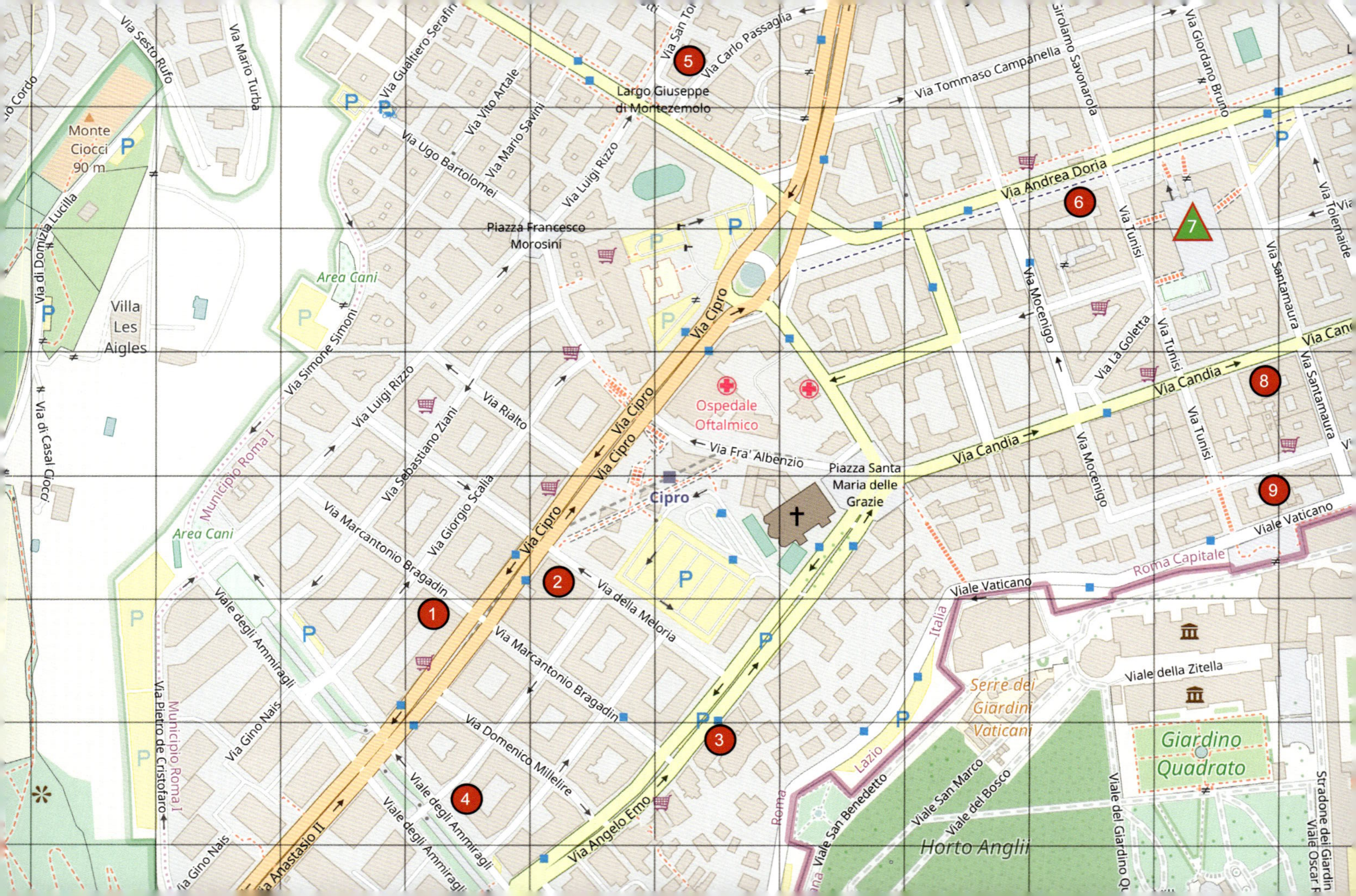
Via Cordo
Monte Ciocci 90 m
Via Sesto Rufo
Via Mario Turba
Via di Domizia Lucilla
Villa Les Aigles
Via di Casal Ciocci
Via Gualtiero Serafin
Via Vito Artale
Via Mario Savini
Via Ugo Bartolomei
Via Luigi Rizzo
Piazza Francesco Morosini
Area Cani
Via Simone Simoni
Municipio Roma I
Via Luigi Rizzo
Via Sebastiano Ziani
Via Rialto
Via Giorgio Scalia
Via Marcantonio Bragadin
Area Cani
Viale degli Ammiragli
Via Pietro de Cristofaro
Municipio Roma I
Via Gino Nais
Via Gino Nais
Via Anastasio II
Viale degli Ammiragli
Viale degli Ammiragli
Via Domenico Millelire
Via Marcantonio Bragadin
Via della Meloria
Via Cipro
Via Cipro
Via Cipro
Via Cipro
Cipro
Via Fra' Albenzio
Ospedale Oftalmico
Piazza Santa Maria delle Grazie
Via Angelo Emo
Via San To
Via Carlo Passaglia
Largo Giuseppe di Montezemolo
Via Tommaso Campanella
Girolamo Savonarola
Via Giordano Bruno
Via Andrea Doria
Via Tolemaide
Via Tunisi
Via Mocenigo
Via La Goletta
Via Tunisi
Via Santamaura
Via Candia
Via Candia
Via Santamaura
Via Tunisi
Via Mocenigo
Viale Vaticano
Roma Capitale
Viale Vaticano
Italia
Serre dei Giardini Vaticani
Viale della Zitella
Giardino Quadrato
Lazio
Roma
Viale San Benedetto
Viale San Marco
Viale del Bosco
Horto Anglii
Viale del Giardino Q
Stradone dei Giardini
Viale Oscar R

Essen rund um den Vatikan – bisweilen besser und billiger als man denkt | Karte 1

1 Voglia Di Pane (Bäckerei) | €
Via Marcantonio Bragadin, 81, 136 Rom
Snacks in prima Qualität, ohne Touristen
Geöffnet: 7:00-20:00 | So geschlossen
Tel. +39 06 3972 1183

2 Pizzarium Bonci | €
Via della Meloria, 43, 00136 Rom
Gute Pizza, Pasta und Arancino to go
Di-Sa 11–22:00 | So 11-15:00 | 17-22:00
www.bonci.it | +39 06 3974 5416

3 La Ruota | €
Via Angelo Emo, 25/c, 00136 Rom
Abseits der Touristenmassen, sehr gute Pizzen, nette Bedienung, moderate Preise
täglich 12:30-14:30 | 19:00-23:30 | +390639740826

4 Alice Pizza
Viale degli Ammiragli, 18, 00136 Rom
Pizza zum Mitnehmen gibt es hier in super Qualität & günstigen Preisen
täglich 10-22:00
www.alicepizza.it | +390639749283

5 Beere Mangiare & Co | €€€
Via Carlo Passaglia, 1, 00136 Rom
Primi, Secondi Piatti, Piadine
täglich 18:00-02:00
https://beeremangiarecoroma.business.site/ |+393337825222

6 Sfiziarte - The Art of Food | €-€€
Via Andrea Doria, 53, 00192 Rom
Kleines Restaurant mit Außenplätzen, Panini, Pizze, Pane: gut & günstig
Mo-Do 10-16:30 | 18-22:00
Fr + Sa 10-16:30 |18-23:00
So geschlossen
www.sfiziarte.net/| Tel. +39 06 370 1466

7. Trionfale - Markt
Via Andrea Doria (Trionfale) | Mo-Sa 6-14

8 Forno Feliziani (Pizzeria) | €
Via Candia, 61, 00192 Rom
Guter & günstiger Imbiss in Vatikannähe
Mo-Sa 7:30-16:30
Tel. +39 06 3973 7362

9 Ristorante dei Musei | €
Via Santamaura, 5, 00192 Rom
Netter, günstiger Imbiss beim Vatikan.
Mo-So 6:00-17:00 | +39 327 821 7714

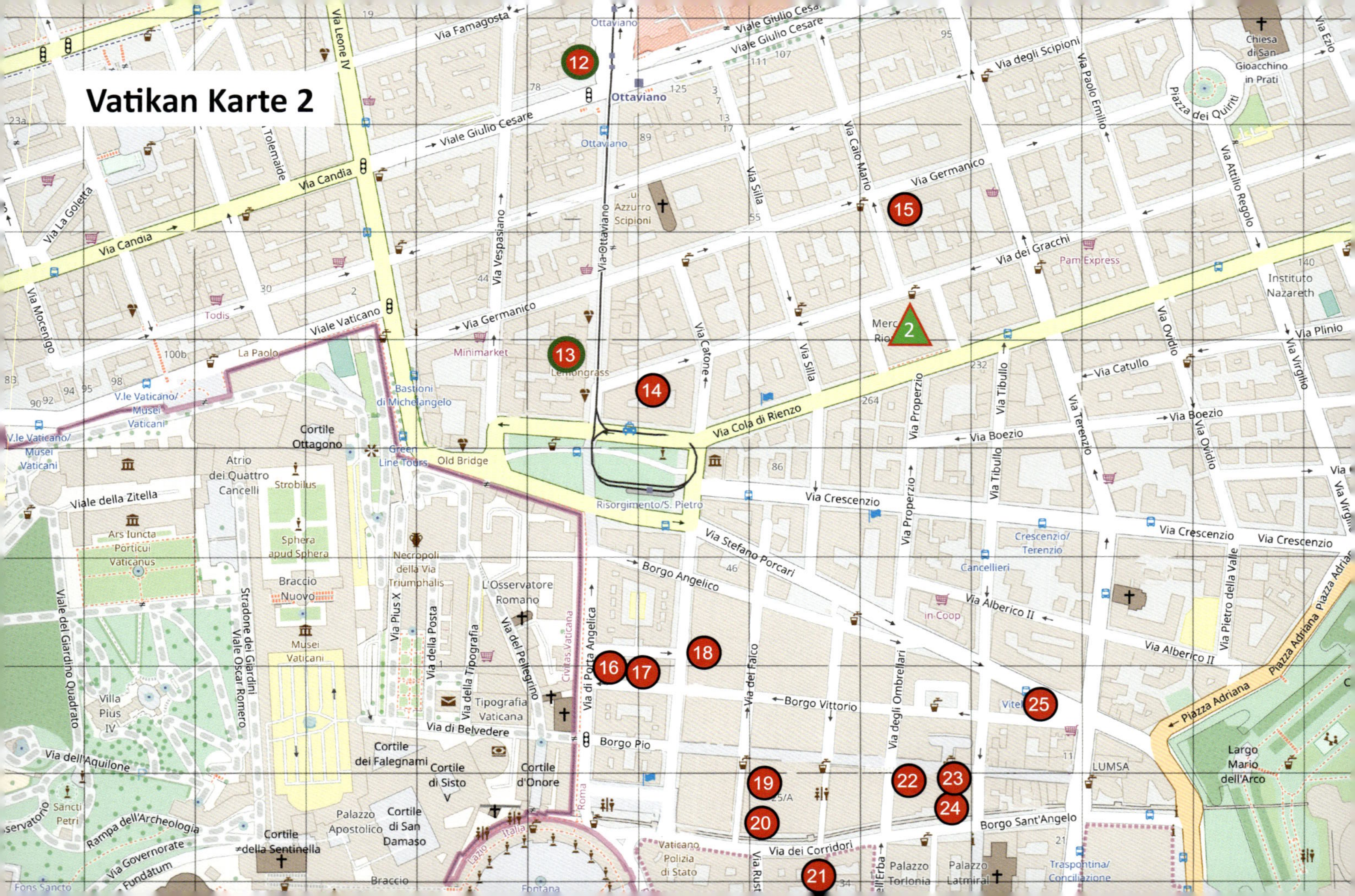
Vatikan Karte 2
Via Famagosta
Via Leone IV
Viale Giulio Cesare
Via Candia
Via Tolemaide
Via La Goletta
Via Mocenigo
Viale Vaticano
La Paolo
Todis
Via Germanico
Minimarket
Lemongrass
Via Vespasiano
Via Ottaviano
Ottaviano
Azzurro Scipioni
Via Silla
Via Catone
Via Cola di Rienzo
Via Properzio
Via Tibullo
Via Terenzio
Via Ovidio
Via Boezio
Via Catullo
Via Plinio
Via Virgilio
Via Crescenzio
Via dei Gracchi
Pam Express
Instituto Nazareth
Via Attilio Regolo
Via Paolo Emilio
Via degli Scipioni
Via Calo Mario
Piazza dei Quiriti
Chiesa di San Gioacchino in Prati
Via Ezio
Bastioni di Michelangelo
Old Bridge
Green Line Tours
Risorgimento/S. Pietro
V.le Vaticano/Musei Vaticani
Cortile Ottagono
Atrio dei Quattro Cancelli
Strobilus
Viale della Zitella
Ars Iuncta Porticui Vaticanus
Sphera apud Sphera
Braccio Nuovo
Musei Vaticani
Necropoli della Via Triumphalis
Via Pius X
Via della Posta
Via della Tipografia
Via del Pellegrino
L'Osservatore Romano
Tipografia Vaticana
Via di Belvedere
Civitas Vaticana
Via di Porta Angelica
Borgo Pio
Cortile dei Falegnami
Cortile di Sisto V
Cortile d'Onore
Palazzo Apostolico
Cortile di San Damaso
Cortile della Sentinella
Braccio
Stradone dei Giardini
Viale Oscar Romero
Viale del Giardino Quadrato
Villa Pius IV
Via dell'Aquilone
Sancti Petri
Rampa dell'Archeologia
Via Governorate
Fundatum
Fons Sancto
Fontana
Lazio
Italia
Roma
Borgo Angelico
Via Stefano Porcari
Via del Falco
Borgo Vittorio
Via degli Ombrellari
Via Alberico II
In Coop
Cancellieri
Crescenzio/Terenzio
Via Pietro della Valle
Piazza Adriana
Largo Mario dell'Arco
LUMSA
Borgo Sant'Angelo
Traspontina/Conciliazione
Palazzo Latmiral
Palazzo Torlonia
Via dei Corridori
Via Rust
Vaticano Polizia di Stato
Vitel
12
13
14
15
2
16
17
18
19
20
21
22
23
24
25

12 Lemongrass Gelato Via Barletta | €

Via Barletta, 1, 00192 Rom
Sehr gute, günstige Eisdiele
täglich 8–23:00 | www.lemongrass.it

13 Lemongrass Gelato (Eisdiele) | €

Via Ottaviano, 29, 00192 Rom
Sehr gute, günstige Eisdiele
täglich 7–23:00
www.lemongrass.it |+390639723524

14 Panino Divino (Imbis) | €

Via dei Gracchi, 11/a, 00192 Rom
Vielleicht die besten Panini beim Vatikan. Wir empfehlen: Bresaola, Rucola und Artischocken ...
Mo-Sa 10-17:00 | So geschlossen
www.paninodivino.it

15 L'Archetto (Pizzeria) | €

Via Germanico, 105, 00195 Rom
Vatikannah, gute, günstige Pizza
Mo-Fr 12-24:00 | Sa + So 19-24:00
www.larchetto.it/ | +39 06 323 1163

16 Pastasciutta (Restaurant) | €

Via delle Grazie, 5, 00193 Rom
Super leckere günstige Pasta
Mo-Sa 10:30-18:30 | So 10:30-18:00
www.pastasciuttaroma.it

17 Alice Pizza | €-€€

Via delle Grazie, 7/9, 00193 Rom
Pizza zum Mitnehmen gibt es hier in super Qualität & günstigen Preisen
Mo-Sa 8:30-17:30 | So geschlossen
+39 06 687 5746 | www.alicepizza.it

18 Pizza & Sandwich da Pasquale | €

Via del Mascherino, 74, 00193 Rom
richtig gute Pizze & Panini auf die Hand
Fr-Mi 9:30-18:00 | Do geschlossen

19 EGG Pasta Fresca | €

Vicolo del Farinone, 25/A, 00193 Rom
Pasta to go – aber die Beste! Sehr gute Preise aber wenig Platz; Nähe Vatikan
tägl. ab 11:30 | Mo+Do -17:45 | Di+Fr -17:30 | Mi -17:15 | Sa -16:00 | So -15:00

20 Scialla The Original Street Food | €

Vicolo del Farinone, 27, 00193 Rom
frische leckere römische Pizza
Mo-Mi 11:30-15:30 | Do-Sa 11-16:00
https://scialla-the-original-street-food.business.site/

21 Satiricus Ristorante Pizzeria | €-€€

Via dei Corridori, 58, 00193 Rom
Essen ist gut aber nichts besonderes, gut für Gruppen geeignet | 11:30-16:00
www.satiricus.it | +39 06 6880 7574

22 Ristorante Venerina | €-€€

Borgo Pio, 38, 00193 Rom
bodenständige Küche zu fairen Preisen
12:00-23:00 | Tel. +39066864551
www.ristorantevenerina.it/

23 Mama Eat Lab | €-€€

Borgo Pio, 28, 00193 Rom
glutenfreie Küche, die super schmeckt und garantiert aus frischen Zutaten zubereitet wird
täglich 11-24:00 | +390645508771
http://www.mamaeat.com/

24 Da Romolo alla Mole Adriana | €€

Vicolo del Campanile, 12, 00193 Rom
römische Küche zu fairen Preisen
Di-So 12-15:00 | 18:30-23:00 | Mo geschlossen
daromoloallamoleadriana.it

25 Ristorante Porta Castello | €-€€

Largo di Porta Castello, 28, 00193 Rom
abseits der Touristen, gute Pizza & Pasta
Mi-Mo 12:15-15:00 | 18:45–23:00 | Di geschlossen | Tel. +39 06 6813 6353
ristoranteportacastello.business.site/

2 Mercato dell' Unità

Piazza dell' Unità, 53 | Mo-Sa 7:30-19:30

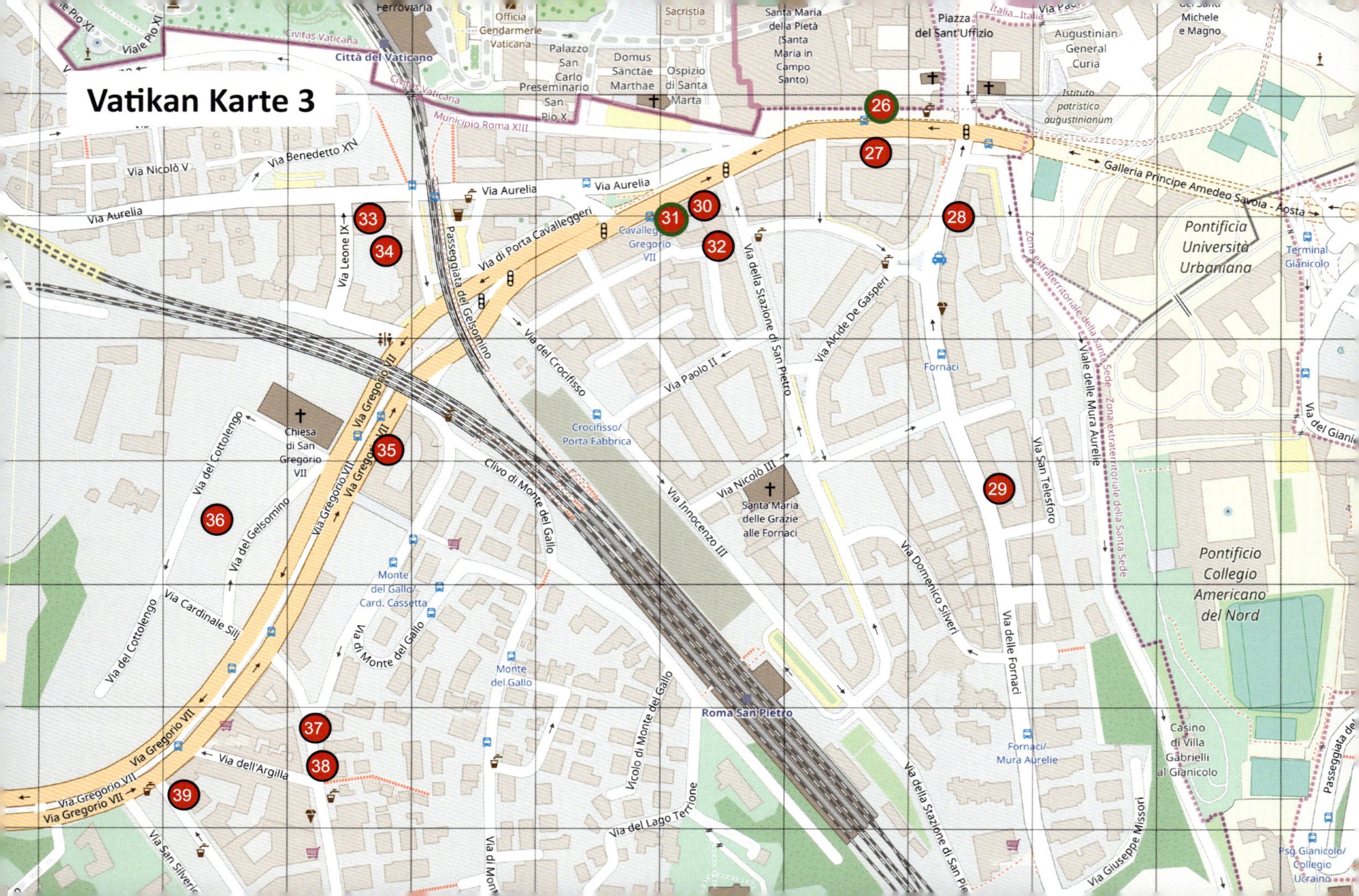

Vatikan Karte 3
Città del Vaticano
Civitas Vaticana
Municipio Roma XIII
Ferrovia
Officia Gendarmerie Vaticana
Palazzo San Carlo
Preseminario San Pio X
Domus Sanctae Marthae
Ospizio di Santa Marta
Sacristia
Santa Maria della Pietà (Santa Maria in Campo Santo)
Piazza del Sant'Uffizio
Augustinian General Curia
Istituto patristico augustinianum
Michele e Magno
Italia
Galleria Principe Amedeo Savoia - Aosta
Pontificia Università Urbaniana
Terminal Gianicolo
Via del Giani
Zona extraterritoriale della Santa Sede
Viale delle Mura Aurelie
Via San Telesforo
Via delle Fornaci
Fornaci
Fornaci/ Mura Aurelie
Pontificio Collegio Americano del Nord
Casino di Villa Gabrielli al Gianicolo
Passeggiata de
Psg Gianicolo/ Collegio Ucraino
Via Giuseppe Missori
Via Domenico Silveri
Via della Stazione di San Pietro
Via Alcide De Gasperi
Via Nicolò III
Santa Maria delle Grazie alle Fornaci
Via Innocenzo III
Roma San Pietro
Via Paolo II
Cavalleggeri Gregorio VII
Via Aurelia
Via di Porta Cavalleggeri
Via del Crocifisso
Crocifisso/ Porta Fabbrica
Passeggiata del Gelsomino
Clivo di Monte del Gallo
Vicolo di Monte del Gallo
Via del Lago Terrione
Monte del Gallo
Via di Monte del Gallo
Monte del Gallo/ Card. Cassetta
Via di Mont
Via Gregorio VII
Chiesa di San Gregorio VII
Via del Gelsomino
Via del Cottolengo
Via Cardinale Silj
Via dell'Argilla
Via San Silverio
Via Leone IX
Via Benedetto XIV
Via Nicolò V
Viale Pio XI
26
27
28
29
30
31
32
33
34
35
36
37
38
39

26 Grattachecca della Sora Lella | €
Via di Porta Cavalleggeri, 00165 Rom

27 Divine Bontà | €
Via di Porta Cavalleggeri, 25-27, Rom
Essen und Preise sind ok | 9:00-01:30

28 Pizza Zizza | €
Via delle Fornaci, 11, 00100 Rom
gut & günstig | Mo-Sa 12:00-20:00 |
So geschlossen | www.pizzazizza.it

29 Ristorante I San Pietrini | €€
Via delle Fornaci, 89, 00165 Rom
gute römische Küche,
Do-Di 11:30-15:00 | 18:30-23:00
www.isanpietrini.it | +39 06 4341 8462

30 Alberto's Pizza San Pietro | €
Via della Stazione di S. Pietro, 6/a, Rom
gute günstige Pizza in Nähe des Vatikans
Di 9-22:00 | Mi-So 8-22:00

31 Capitan Cono | €
Via di Porta Cavalleggeri, 117, Rom
Pizza, Panini, Frühstück,... | 7:00-23:00

32 Ristorante Perdincibacco | €-€€
Via della Stazione di S. Pietro, 8, Rom
Fr-Mi 10-23:00 | Do gschlossen
www.perdincibistro.it/

33 Papa Rex | €€
Via Aurelia, 87, 165 Rom
täglich 12:00-23:00
www.paparex.it | Tel. +39 06 634998

34 Goose | €-€€
Piazzale Gregorio VII, 32/33/34, 165 Rom
Pasta + Pizza; Preis ok
12-15:00 | 19-23:30 | So nur abends
www.gooseristorante.it

35 Osteria dei Pontefici | €€
Via Gregorio VII, 53, 165 Rom
Pasta, Pizza
12-15:00 | 19-23:00
www.osteriadeipontefici.it

36 Vecchia Osteria Del Gelsomino | €-€€
Via del Gelsomino, 68, 00165 Rom
römische Küche, gut & günstig
Geöffnet: 11:30–15:30 | 19:00–23:30 |
Sa 19:00–23:30 | So geschlossen
www.osteriadelgelsomino.com

37 Buona Forchetta | €-€€
Via della Cava Aurelia, 21/23, 136 Rom
Pizza, Pasta günstig & gut
täglich 11-24:00 | Fr 16-24:00
www.hostariabuonaforchetta.com

38 Rosy O'Grady's Pub | €-€€
Via della Cava Aurelia, 155/B, Rom
Irish Pub: Burger, Pasta, Pizza; gut & günstig | täglich 17:30–02:00
www.rosyogrady.it

39 Ristorante Pizzeria Jasmine | €
Via S. Silverio, 9, 00165 Rom
gutes Essen | Mi-Mo 12:00–14:30 |
19:00–22:30 | Di geschlossen
www.ristorantejasmine.it

Unsere besondere Empfehlung an der Stazione Cornelia:

Ristorante Gustosando | €€
Largo Alessandro Caravillani, 3, Rom
excellente Fischgerichte, Pasta und Desserts, direkt an Stazione Cornelia; Gruppen bis 50 Personen willkommen
täglich 17:30-23:30
www.ristorantegustosando.com
+39 06 6601 6323

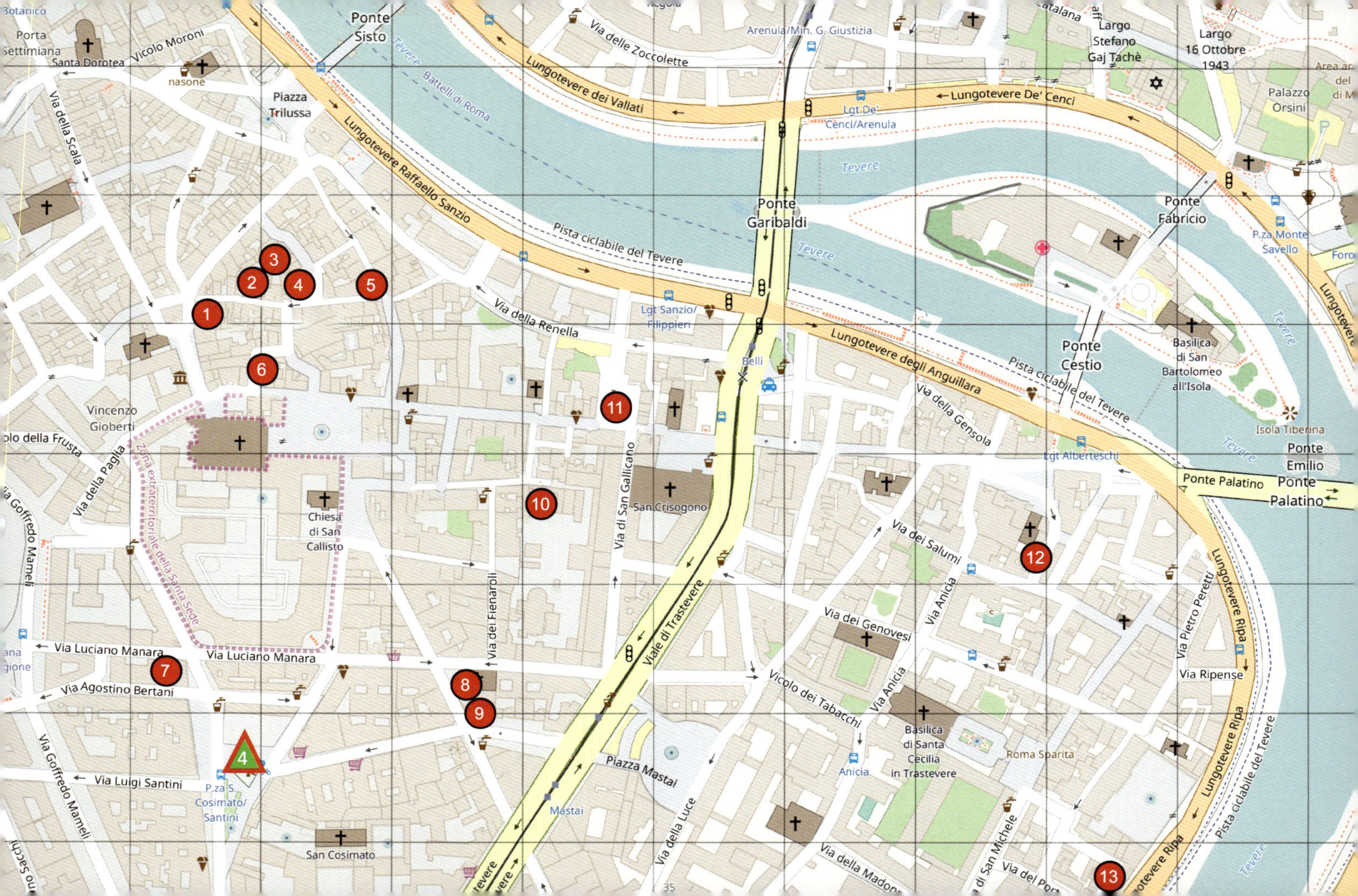

Porta Settimiana
Santa Dorotea
Vicolo Moroni
nasone
Ponte Sisto
Piazza Trilussa
Batelli di Roma
Tevere
Via della Scala
Lungotevere Raffaello Sanzio
Via delle Zoccolette
Arenula/Min. G. Giustizia
Lungotevere dei Vallati
Lgt De' Cenci/Arenula
Lungotevere De' Cenci
Largo Stefano Gaj Taché
Largo 16 Ottobre 1943
Palazzo Orsini
Ponte Garibaldi
Ponte Fabricio
P.za Monte Savello
Pista ciclabile del Tevere
Via della Renella
Lgt Sanzio/Filippieri
Belli
Lungotevere degli Anguillara
Ponte Cestio
Basilica di San Bartolomeo all'Isola
Isola Tiberina
Via della Gensola
Lgt Alberteschi
Ponte Emilio
Ponte Palatino
Ponte Palatino
Vincenzo Gioberti
Vicolo della Frusta
Via della Paglia
Zona extraterritoriale della Santa Sede
Chiesa di San Callisto
Via di San Gallicano
San Crisogono
Via Goffredo Mameli
Via dei Fienaroli
Viale di Trastevere
Via dei Salumi
Via Anicia
Via dei Genovesi
Via Pietro Peretti
Lungotevere Ripa
Via Ripense
Via Luciano Manara
Via Luciano Manara
Via Agostino Bertani
Vicolo dei Tabacchi
Via Anicia
Basilica di Santa Cecilia in Trastevere
Roma Sparita
Anicia
Via Luigi Santini
P.za S. Cosimato/Santini
Piazza Mastai
Mastai
Via Goffredo Mameli
San Cosimato
Via della Luce
Via di San Michele
Via della Madonna
Pista ciclabile del Tevere
Lungotevere Ripa
1
2
3
4
5
6
7
8
9
10
11
12
13
4

Trastevere- Ein wenig touristisch, aber immer lustig

1 La Trattoria de Gli Amici | €-€€
Piazza di S. Egidio, 6, 00153 Rom
Sozialprojekt, interessante Atmosphäre, Preise sind ok | Mo-Sa 12-15:00 | 19-23:00 | So 12-17:00 | 19-23:00
www.trattoriadegliamici.org

2 Otello | €-€€
Via della Pelliccia, 47/53, 00153 Rom
gutes Essen zu normalen Preisen
Mo-Fr 18-24:00 | Sa + So 11-24:00
www.trastevere-trattoria-otello.it

3 Il Duca In Trastevere | €-€€
Vicolo de' Cinque, 56, 00153 Rom
gute römische Küche
Di-Sa 18:30-24:00 | So 12:30-15:30 | 18:30-23:30 | Mo geschlossen
ilducaintrastevere.com

4 Hostaria Da Corrado | €
Via della Pelliccia, 39, 00153 Rom
römische Küche | So geschlossen
Mo-Sa 12:30-14:30 | 20 - 23:30

5 La Tavernetta 29 da Tony e Andrea | €
Via della Pelliccia, 29a, 00153 Rom
gut & günstig, etwas abseits | 12–23:00
Mo geschlossen| www.latavernetta29.it

6 Tonnarello | €-€€
Via della Paglia, 1, 00153 Rom
sehr gutes Essen zu fairen Preisen
täglich 11:30–23:00 | www.tonnarello.it

7 L'Archetto II | €-€€
Via Agostino Bertani, 6/7, 00153 Rom
gute Pasta & Pizza
Täglich 12:30-15:00 | 19-23:00
Mo geschlossen | www.archetto2.com

8 Alice Pizza Trastevere
Via di S. Francesco a Ripa, 1, 00153 Roma

9 Popi Popi | €-€€
Via delle Fratte di Trastevere, 45, Rom
Pizza, römisch und trotz des Namens gut
täglich 18-24:00 | So 12-24:00
www.armadia.com

10 Impiccetta | €
Via dei Fienaroli, 7, 00153 Rom
günstig & große Portionen, reservieren!
Di-So 12:30-15:00 | 19-23:00
Mo geschlossen | www.impiccetta.it/

11 Ristorante Carlo Menta | €
Via della Lungaretta, 101, 00153 Rom
Touristenlokal | täglich 12-23:30

12 Ristorante Sette Oche in Altalena | €€
Via dei Salumi, 36, 00153 Rom
täglich 12:00–00:00 | www.setteoche.com

13 La Gattabuia | €€
Via del Porto, 1, 00153 Rom
ehemaliger päpstl. Keller; römische Küche & Pizza, etwas teuer
Mo-Fr 19:30-23:30 | Sa + So 13-15:00 | 19:30-23:30 | www.lagattabuia.it

4. Piazza San Cosimato - Markt

Lebensmittelmarkt unter freiem Himmel.
Piazza San Cosimato | Mo-Sa 6:30-14:30

Weitere Restaurants außerhalb der Karte bei Trastevere:

Il Giardino Romano | €€
Via del Portico d'Ottavia, 18, 00186 Rom
Geöffnet: 12:00–16:00 | 19:00–23:00
www.ilgiardinoromano.it
Tel. +39 06 6880 9661

Osteria Circo | €-€€
Via dei Cerchi, 79, 00186 Rom
Geöffnet: 10:00–02:00
osteria-circo.thefork.rest
Tel. +39 06 3107 8932

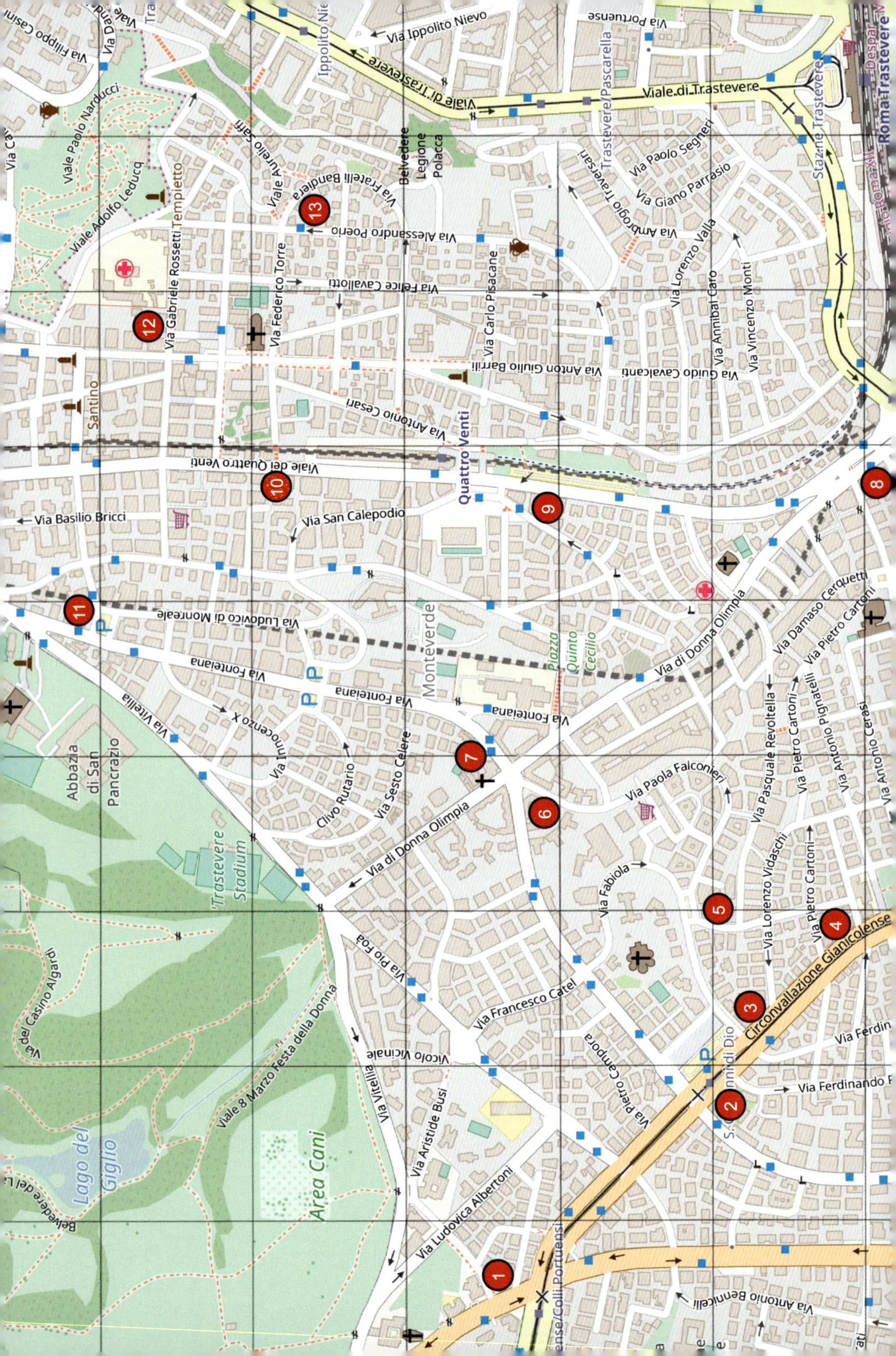

Via Filippo Casini
Viale Paolo Narducci
Viale Adolfo Leducq
Tempietto
Via Gabriele Rossetti
Via Aurelio Saffi
Via Fratelli Bandiera
Ippolito Nievo
Via Ippolito Nievo
Viale di Trastevere
Via Portuense
Trastevere/Pascarella
Belvedere Legione Polacca
Via Alessandro Poerio
Via Felice Cavallotti
Via Federico Torre
Via Carlo Pisacane
Via Anton Giulio Barrili
Via Antonio Cesari
Via Paolo Segneri
Via Giano Parrasio
Via Ambrogio Traversari
Via Lorenzo Valla
Via Annibal Caro
Via Vincenzo Monti
Via Guido Cavalcanti
Stazne Trastevere
Roma Trastevere
Despar
Santino
Quattro Venti
Viale dei Quattro Venti
Via San Calepodio
Via Basilio Bricci
Via Ludovico di Monteverde
Via Fonteiana
Monteverde
Piazza Quinto Cecilio
Via di Donna Olimpia
Via Damaso Cerquetti
Via Pietro Cartoni
Via Vitellia
Via Innocenzo X
Abbazia di San Pancrazio
Clivo Rutario
Via Sesto Celere
Via Paola Falconieri
Via Pasquale Revoltella
Via Antonio Pignatelli
Via Antonio Cerasi
Trastevere Stadium
Via Fabiola
Via Lorenzo Vidaschi
Via Pio Foa
Via Francesco Catel
Circonvallazione Gianicolense
Via Ferdinando
Via del Casino Algardi
Vicolo Vicinale
Via Pietro Campora
Viale 8 Marzo Festa della Donna
Via Aristide Busi
Lago del Giglio
Area Cani
Via Ludovica Albertoni
Via Antonio Bennicelli
Colli Portuensi
1
2
3
4
5
6
7
8
9
10
11
12
13

Gianicolense: Gut, meist günstig und ziemlich authentisch

1 BFR Gianicolense
Circonvallazione Gianicolense, 390, Rom
Fastfood täglich 12-24:00
www.bfrfastfood.com

2 Bisteccheria La Taverna | €-€€
Circonvallazione Gianicolense, 185, Rom
täglich 12:00–15:00 | 18:30–23:00
Di nur abends | https://latavernapizzeria-bisteccheria.business.site/

3 Alice Pizza Gianicolense
Circonvallazione Gianicolense, 278, 00152 Rom | täglich 10-22:00

4 Pizzeria La Gianicolense | €-€€
Circonvallazione Gianicolense, 238, Rom
täglich 18:30-24:00

5 Trattoria Pizzeria Vecchi Sapori | €-€€
Via Raffaele Balestra, 32, Rom
täglich 12:30–14:45 | 19:30–23:00

6 La Pietra Scheggiata | €-€€
Via Paola Falconieri, 10, 00152 Rom
Pizza, römische Küche
beste Carbonara 2022 + 2023
Di-So 18:30-23:45 | Mo geschlossen | www.lapietrascheggiata.it

7 Osteria Palmira | €€
Via Abate Ugone, 29, 00152 Rom
Mo-Sa 12:30–15:00, 19:30–23:00
So nur bis 21:15
www.osteriapalmira.it

8 C'era una Volta | €-€€
Piazzale Enrico Dunant, 13, 00152 Rom
Mo-Sa 19-24:00 | So 12:30-24:00
https://ceraunavolta-ristorante.it/

9 Bruno ai Quattro Venti | €€
Viale dei Quattro Venti, 172/a, Rom
Di-So 12:30-15:30 | 19:30-23:30

10 Alice Pizza Quattro Venti €-€€
Viale dei Quattro Venti, 92/94, 00152 Rom
täglich 11-22:00

11 Eden Monteverde Ristorante | €
Piazza Ottavilla, 14/A, 00152 Rom
Pizza & römische Küche
www.edenristorantemontevecchio.it
täglich 12-15:00 | 19-24:00

12 Ristorante Pizzeria - Il Focolare | €-€€
Via Gabriele Rossetti, 40, 00152 Rom
täglich 12:30–15:00 | 19:30–23:00 | Mi geschlossen |www.ristoranteilfocolare.it

13 Osteria Poerio | €€
Via Alessandro Poerio, 27/A, 00152 Rom
täglich 12:00–15:30, 19–23:30
www.osteriapoerio.it/

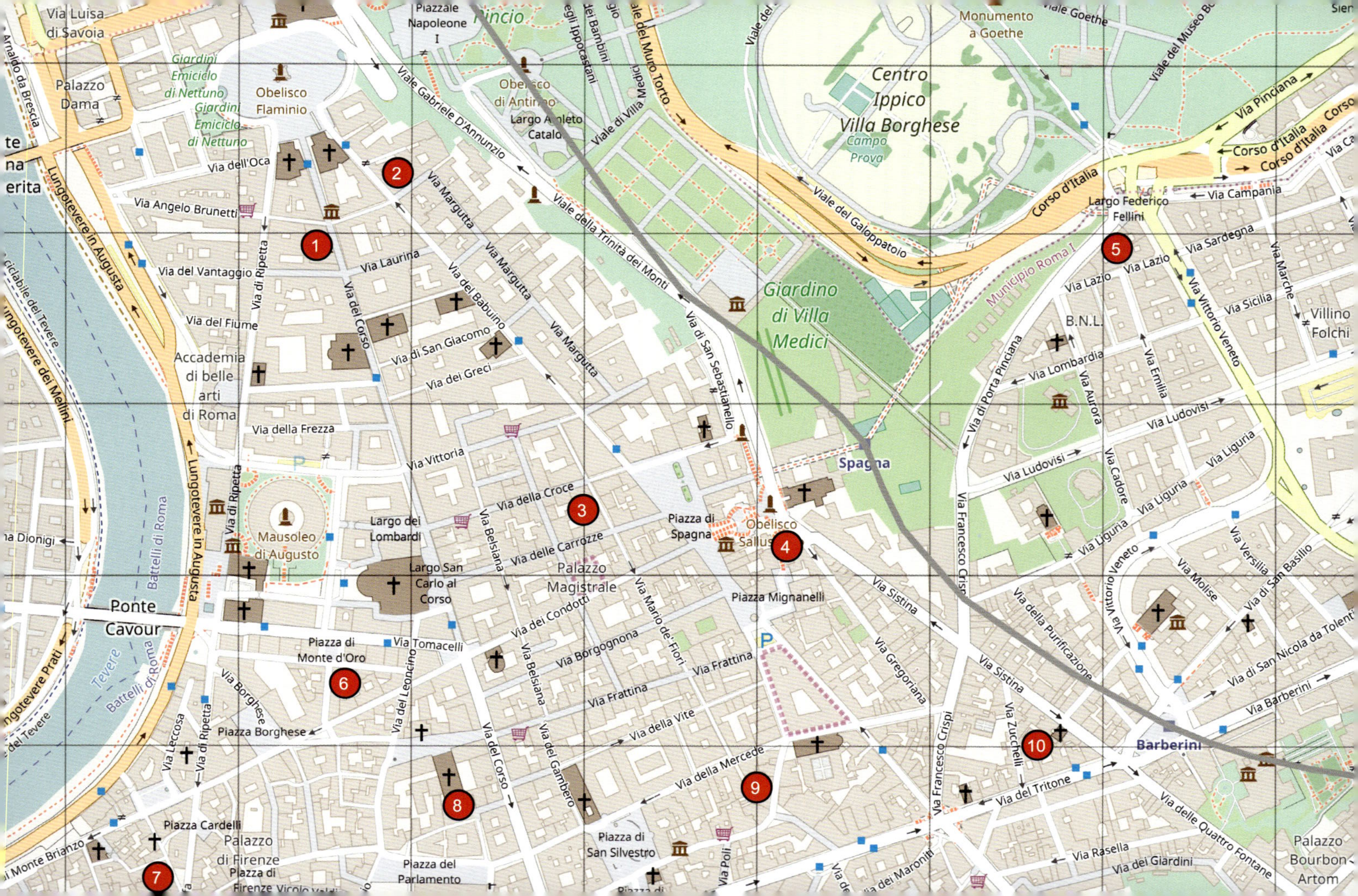

Via Luisa di Savoia
Piazzale Napoleone I
Pincio
Monumento a Goethe
Viale Goethe
Viale del Museo Borghese
Palazzo Dama
Giardini Emiciclo di Nettuno
Obelisco Flaminio
Obelisco di Antinoo
Largo Amleto Cataldi
Viale dei Bambini
Viale degli Ippocastani
Viale di Villa Medici
Viale del Muro Torto
Centro Ippico Villa Borghese
Campo Prova
Via Pinciana
Corso d'Italia
Via Campania
Largo Federico Fellini
Via dell'Oca
Viale Gabriele D'Annunzio
Via Margutta
Viale della Trinità dei Monti
Viale del Galoppatoio
Via Angelo Brunetti
Lungotevere in Augusta
Via del Vantaggio
Via Laurina
Via di Ripetta
Via del Fiume
Via del Corso
Via del Babuino
Via di San Giacomo
Via dei Greci
Accademia di belle arti di Roma
Via della Frezza
Via Vittoria
Via della Croce
Via delle Carrozze
Via Belsiana
Largo dei Lombardi
Mausoleo di Augusto
Largo San Carlo al Corso
Palazzo Magistrale
Via dei Condotti
Via Mario de' Fiori
Via Borgognona
Via Frattina
Via della Vite
Via della Mercede
Via del Gambero
Via di San Sebastianello
Giardino di Villa Medici
Spagna
Piazza di Spagna
Obelisco Sallustiano
Piazza Mignanelli
Via Sistina
Via Gregoriana
Via Francesco Crispi
Via della Purificazione
Via Zucchelli
Via del Tritone
Via Rasella
Via dei Giardini
Via delle Quattro Fontane
Barberini
Palazzo Bourbon-Artom
Via di Porta Pinciana
Municipio Roma I
Via Lazio
Via Sardegna
Via Marche
Via Sicilia
Via Vittorio Veneto
Villino Folchi
B.N.L.
Via Lombardia
Via Aurora
Via Emilia
Via Ludovisi
Via Cadore
Via Liguria
Via Versilia
Via Molise
Via di San Basilio
Via di San Nicola da Tolentino
Via Barberini
Via Tomacelli
Piazza di Monte d'Oro
Via del Leoncino
Via Borghese
Piazza Borghese
Via Leccosa
Ponte Cavour
Tevere
Battelli di Roma
Lungotevere dei Mellini
Lungotevere Prati
Via Arnaldo da Brescia
Via Monte Brianzo
Piazza Cardelli
Palazzo di Firenze
Piazza di Firenze
Piazza del Parlamento
Piazza di San Silvestro
Via Poli
Via dei Maroniti
1
2
3
4
5
6
7
8
9
10

Centro Storico: Selten billig, aber unsere Empfehlungen helfen

1 La Taverna Del Corso | €€
Via del Corso, 515, 00186 Rom
täglich 10-23:00
https://www.tavernadelcorso.it/

2 Babette | €€
Via Margutta, 1/D, 00187 Rom
Di-Sa 9-22:30 | So 10-22:00
Mo geschlossen |
www.babetteristorante.it

3 Al 34 | €€
Via Mario de' Fiori, 34, 00187 Rom
Antipasti, Pasta und römische Fisch- und Fleischgerichte in familiengeführter Trattoria mit Terrasse.
täglich 12:30–23:00
www.ristoranteal34.it

4 Alla Rampa | €€
Piazza Mignanelli, 18, 00187 Rom
römische Gerichte in traditionellem Lokal mit Aussichtsterrasse. täglich 09:00–23:00 | www.allarampa.com

5 Alice Pizza €-€€
Via Lazio, 15, 00187 Rom
Mo-Fr 8:30-16:00 | Sa 8:30-13:00
So geschlossen

6 Ristorante Arancio d'Oro | €€
Via di Monte d'Oro, 17, 00186 Rom
Di-Sa 12-15:00 | 19-23:00 | So 12-15:00
Mo geschlossen | www.aranciodoro.it |

7 Ristorante la Campana | €€
Vicolo della Campana, 18, Rom
Ältestes Restaurant Roms, 500 Jahre alt, römische Küche | Di-So 12:30-15:00 | 19:30-23:00 | Mo geschlossen

8 Coso Ristorante | €€
Via in Lucina, 16, 00186 Rom
täglich 12-15:00 | 19-23:00
https://cosoristorante.com/

9 Origano Trevi | €€
Via di Sant'Andrea delle Fratte, 23 Rom
Mo-Do 10:30-22:00 | Dr-So 11-22:30
www.origanotrevi.com

10 Il Giardino. Antica Osteria 1909 | €€
Via Zucchelli, 29, 00187 Rom
täglich 12-15:00 | 18-23:00
Mo geschlossen
www.ilgiardinoanticaosteria.it/

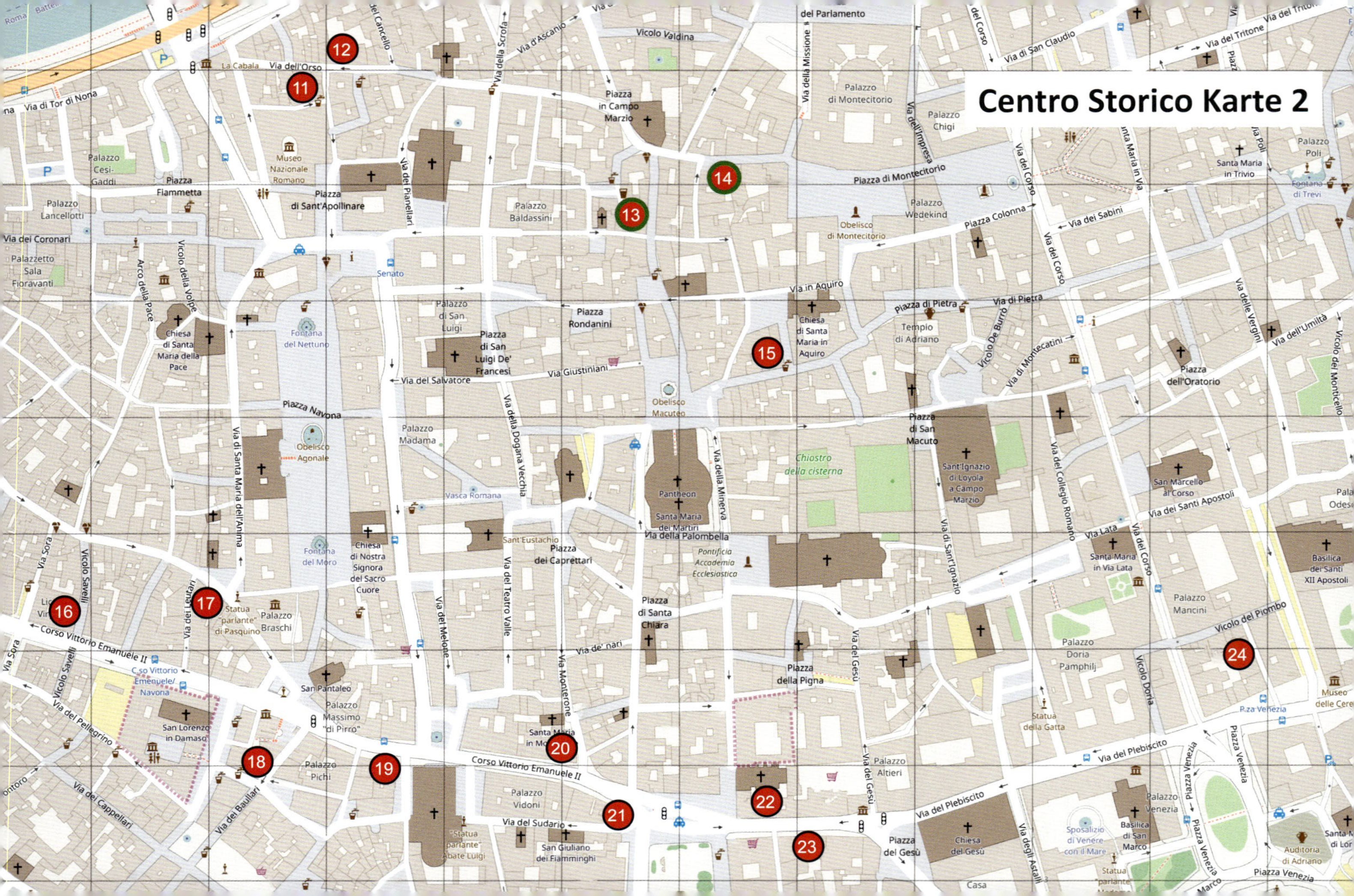
Centro Storico Karte 2
Via dell'Orso
La Cabala
Via di Tor di Nona
Museo Nazionale Romano
Palazzo Cesi-Gaddi
Piazza Flammetta
Palazzo Lancellotti
Piazza di Sant'Apollinare
Via dei Coronari
Palazzetto Sala Fioravanti
Arco della Pace
Vicolo della Volpe
Chiesa di Santa Maria della Pace
Fontana del Nettuno
Senato
Via del Cancello
Via della Scrofa
Via d'Ascanio
Via dei Pianellari
Piazza in Campo Marzio
Vicolo Valdina
Palazzo Baldassini
Piazza di Montecitorio
Via della Missione
del Parlamento
Palazzo di Montecitorio
Palazzo Chigi
Via dell'Impresa
Palazzo Wedekind
Obelisco di Montecitorio
Piazza Colonna
Via del Corso
Via dei Sabini
Santa Maria in Via
Via di San Claudio
Via del Tritone
Via Poli
Palazzo Poli
Santa Maria in Trivio
Fontana di Trevi
Via in Aquiro
Chiesa di Santa Maria in Aquiro
Piazza di Pietra
Via di Pietra
Tempio di Adriano
Vicolo De Burrò
Via di Montecatini
Via delle Vergini
Via dell'Umiltà
Vicolo del Monticello
Piazza dell'Oratorio
Palazzo di San Luigi
Piazza di San Luigi De' Francesi
Piazza Rondanini
Via Giustiniani
Via del Salvatore
Obelisco Macuteo
Piazza Navona
Obelisco Agonale
Palazzo Madama
Via della Dogana Vecchia
Vasca Romana
Pantheon
Santa Maria dei Martiri
Via della Minerva
Piazza di San Macuto
Chiostro della cisterna
Sant'Ignazio di Loyola a Campo Marzio
Via del Collegio Romano
San Marcello al Corso
Via dei Santi Apostoli
Via di Santa Maria dell'Anima
Fontana del Moro
Chiesa di Nostra Signora del Sacro Cuore
Sant'Eustachio
Piazza dei Caprettari
Via della Palombella
Pontificia Accademia Ecclesiastica
Via di Sant'Ignazio
Via Lata
Santa Maria in Via Lata
Basilica dei Santi XII Apostoli
Via Sora
Vicolo Savelli
Via dei Leutari
Statua "parlante" di Pasquino
Palazzo Braschi
Corso Vittorio Emanuele II
C.so Vittorio Emanuele/ Navona
Via del Pellegrino
San Lorenzo in Damaso
San Pantaleo
Palazzo Massimo "di Pirro"
Palazzo Pichi
Via dei Baullari
Via dei Cappellari
Via del Melone
Via del Teatro Valle
Via Monterone
Santa Maria in Monterone
Via de' nari
Piazza di Santa Chiara
Piazza della Pigna
Via del Gesù
Palazzo Vidoni
Via del Sudario
San Giuliano dei Fiamminghi
"Statua "parlante" Abate Luigi
Palazzo Altieri
Piazza del Gesù
Chiesa del Gesù
Via del Plebiscito
Via degli Astalli
Casa
Statua della Gatta
Palazzo Doria Pamphilj
Vicolo Doria
Palazzo Mancini
Vicolo del Piombo
P.za Venezia
Piazza Venezia
Palazzo Venezia
Basilica di San Marco
Sposalizio di Venere con il Mare
Statua "parlante"
Auditoria di Adriano
Museo delle Cere
11
12
13
14
15
16
17
18
19
20
21
22
23
24

11 Old Bear | €-€€
Via dei Gigli d'Oro, 3, 00186 Rom
Paella und Sangria sowie Pasta und Meeresfrüchte; uriges Lokal in einem Kloster aus dem 15. Jh. | keine Pizza
Mo-Sa 17:30-0:30 | So geschlossen
www.oldbear.it

12 Ristorante l'Orso 80 | €€
Via dell'Orso, 33, 00186 Rom
Di-So 13-15:00 | 19:30-23:30
Mo geschlossen | www.orso80.it

13 Gelateria della Palma | €-€€
Via della Maddalena, 19-23, 00186 Rom
täglich 8:30-24:00 | www.dellapalma.it

14 Giolitti | €-€€
Via degli Uffici del Vicario, 40, Rom
täglich 7:30-24:00 | www.giolitti.it

15 Er Faciolaro | €€
Via dei Pastini, 123, 00186 Rom
rustikal, römische Küchetäglich 12:00-0:00 | www.erfaciolaro.it

16 La Montecarlo | €
Vicolo Savelli, 13, 00130 Rom
Di-So 12:00-24:00; Mo geschlossen
www.lamontecarlo.it

17 L'Insalata Ricca | €-€€
Piazza di Pasquino, 72, 00186 Rom
Biorestaurant | täglich 12-23:30
www.linsalataricca.it

18 Alice Pizza Baullari
Via Dei Baullari, 140, 00186 Rom
Mo-Fr 11-21:00 | Sa + So 11-21:30

19 L'Insalata Ricca | €-€€
Largo dei Chiavari, 85, 00186 Rom
täglich 11-24:00 | www.insalataricca.it

20 L'Angoletto Romano | €
Via Monterone, 14, 00186 Rom
Di-So 12:00-15:00, | 19:00-23:00
Mo geschlossen

21 Rossopomodoro | €-€€
Largo di Torre Argentina, 1, 00186 Rom
12:00-0:00 | www.rossopomodoro.it

22 Alice Pizza €€
Corso Vittorio Emanuele II, 35, 00186 Rom | täglich 10-22:00

23 PASTAEAT la pastapoke | €
Corso Vittorio Emanuele II, 22, Rom
Hausgemachte Pasta im gemütlichen Thekenrestaurant
täglich 11:30-22:00

24 Ristorante La Cabana | €
Via del Mancino, 7, 00187 Rom
netter Laden in einer Seitenstraße Nähe Piazza Venezia; gutes Essen, faire Preise
täglich 12:00-15:00 | 19:00-23:00
So geschlossen | www.cabana.it

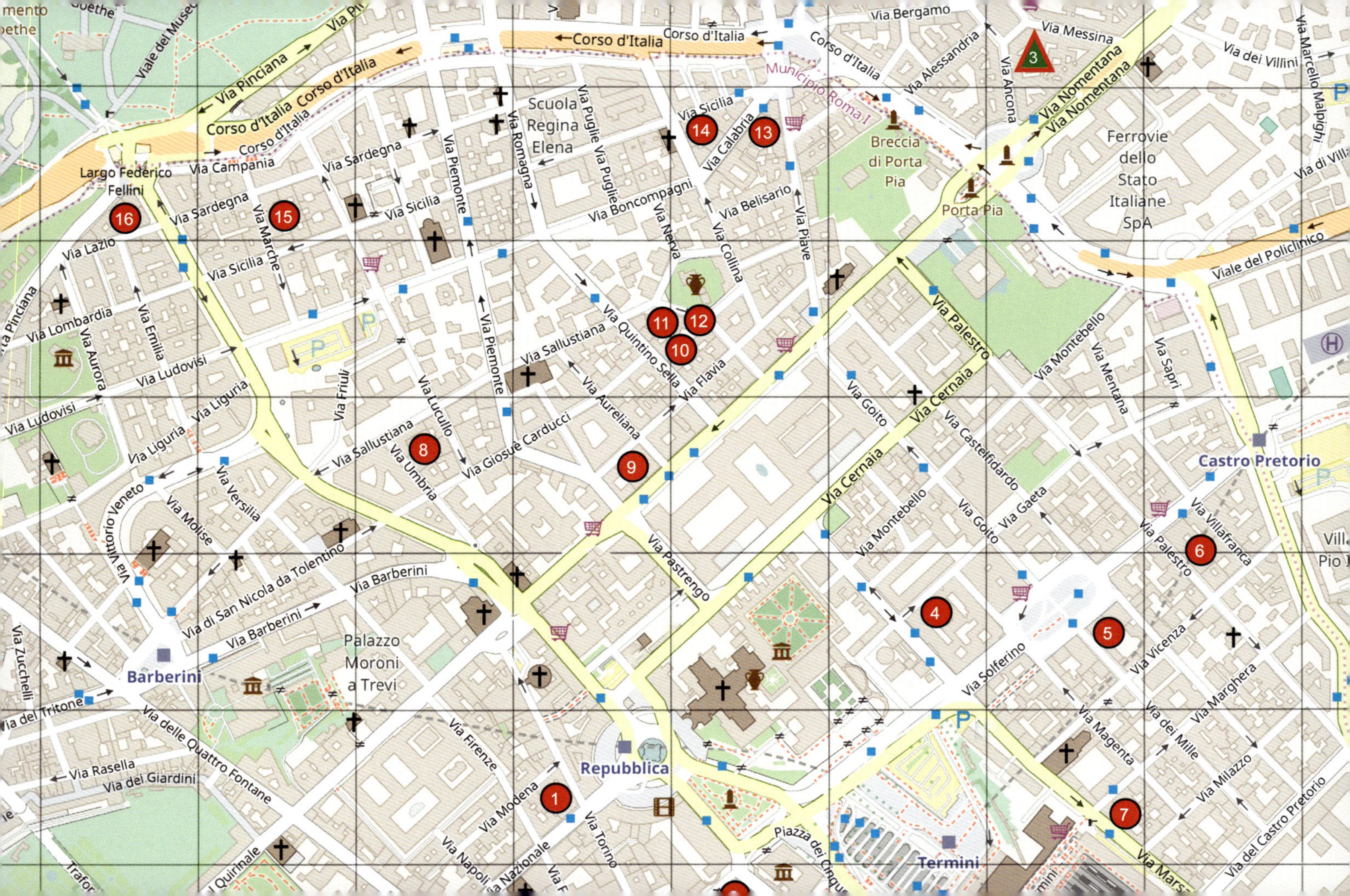

Corso d'Italia
Via Bergamo
Via Messina
Via dei Villini
Via Marcello Malpighi
Via Pinciana
Viale del Museo
Corso d'Italia
Via Alessandria
Via Ancona
Via Nomentana
Municipio Roma I
Scuola Regina Elena
Via Puglie
Via Romagna
Via Piemonte
Via Sicilia
Via Calabria
Breccia di Porta Pia
Porta Pia
Ferrovie dello Stato Italiane SpA
Largo Federico Fellini
Via Campania
Via Sardegna
Via Boncompagni
Via Belisario
Via Nerva
Via Collina
Via Piave
Viale del Policlinico
Via Marche
Via Lazio
Via Lombardia
Via Emilia
Via Aurora
Via Ludovisi
Via Liguria
Via Friuli
Via Sallustiana
Via Quintino Sella
Via Flavia
Via Palestro
Via Montebello
Via Mentana
Via Sapri
Via Lucullo
Via Umbria
Via Giosuè Carducci
Via Aureliana
Via Goito
Via Cernaia
Via Castelfidardo
Via Gaeta
Castro Pretorio
Via Vittorio Veneto
Via Molise
Via Versilia
Via di San Nicola da Tolentino
Via Barberini
Via Pastrengo
Via Villafranca
Via Zucchelli
Barberini
Palazzo Moroni a Trevi
Via Solferino
Via Vicenza
Via Marghera
Via del Tritone
Via delle Quattro Fontane
Via Firenze
Repubblica
Via Magenta
Via dei Mille
Via Milazzo
Via Rasella
Via dei Giardini
Via Modena
Via Torino
Via Nazionale
Via Napoli
Quirinale
Piazza dei Cinquecento
Termini
Via del Castro Pretorio
Via Marsala
1
2
3
4
5
6
7
8
9
10
11
12
13
14
15
16

Esquilino: Besser als die Bahnhofswirtschaften geht schon …

1 Il Botticelli | €
Via Torino, 32B, 00185 Rom
täglich 6-1:00

2 Ristorante Alessio | €€
Via del Viminale, 2/g, 00184 Rom
Mo-Fr 12:00-15:00 | 18:00-23:00
Sa 18-23:00 | So geschlossen
www.ristorantealessio.it

3 Ristorante Bar L'Europeo | €-€€
Via Principe Amedeo, 8, 00184 Rom
täglich 12–22:00 | Fr geschlossen
http://leuropeo.thefork.rest

4 La Famiglia | €
Via Gaeta, 66, 00185 Rom
täglich 12:15-23:00

5 Da Dino | €
Via dei Mille, 10, 00185 Rom
So-Fr 10-23:00 | Sa 17-23:00

6 Taverna Pretoriana | €
Via Palestro, 46, 00185 Rom
So-Fr 12:00-15:30 | 18:00-0:00
www.tavernapretoriana.it

7 Alice Pizza Via Marsala | €€
Via Marsala, 66, 00185 Roma RM, Italien
Pizza-Imbiss mit guter Qualität
täglich 9:30-22:00

8 Habemus Pinsa | €
Via Umbria, 19, 00187 Rom
Mo 11-15:00 | Di-So 11-15:00 | 18-23:00

9 50 Kalò di Ciro Salvo | €€
Via Flavia, 3b, 00187 Rom
täglich 13:30-15:30 | 18:30-24:00
https://50kalo.it/

10 Ristorante La Lampada | €€
Via Quintino Sella, 25, 00187 Rom
Geöffnet: 11:30–15:00 | 18:00–23:30
www.ristorantelalampada.it

11 Restaurant Cantina Cantarini | €€
Piazza Sallustio, 12, 00187 Rom
12:30–15:00 | 19:30–22:30
So geschlossen
www.ristorantecantinacantarini.it

12 Alice Pizza - Barberini | €€
Via Barberini, 82, 00187 Rom
Pizza-Imbiss mit guter Qualität
Mo-Sa 8:30-16:00 | So geschlossen

13 La Cantinola | €€
Via Calabria, 16/18, 00187 Rom
Mo-Sa 12:15–15:30, 18:15–23:45
So geschlossen | www.lacantinola.it

14 Piccolo Abruzzo | €€
Via Sicilia, 237, 00187 Rom
12:30–15:00 | 18:30–24:00
Mo geschlossen | www.piccoloabruzzo.it

16 Alice Pizza | €-€€
Via Lazio, 15, 00187 Rom
Pizza-Imbiss mit guter Qualität
Mo-Fr 8:30-16:00 | Sa 8:30-13:00
So geschlossen

15 Alice pizza via Marche | €€
Via Marche, 21, 00187 Rom
Pizza-Imbiss mit guter Qualität
Mo-Fr 9-15:00

3. Piazza Alessandria - Markthalle

Piazza Alessandria, 00198 Rom
Mo-Sa 7:30-15:30

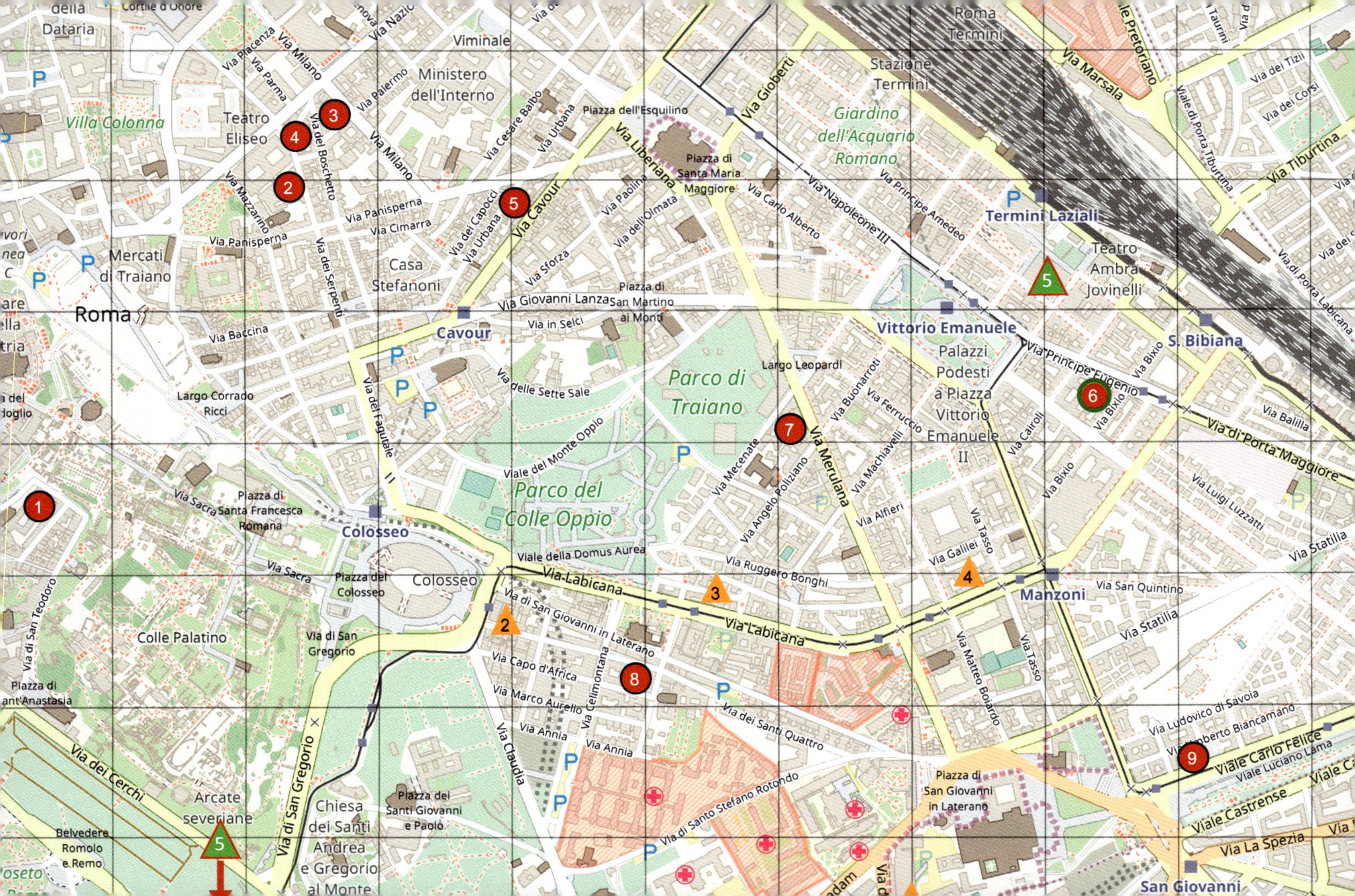

Viminale
Ministero dell'Interno
Villa Colonna
Teatro Eliseo
Via Milano
Via Piacenza
Via Parma
Via Palermo
Via del Boschetto
Via Mazzarino
Via Panisperna
Via Cimarra
Via dei Serpenti
Via Cesare Balbo
Via Urbana
Via dei Capocci
Via Cavour
Piazza dell'Esquilino
Via Liberiana
Piazza di Santa Maria Maggiore
Via Paolina
Via dell'Olmata
Via Sforza
Casa Stefanoni
Mercati di Traiano
Roma
Via Baccina
Via Giovanni Lanza
Piazza di San Martino ai Monti
Via in Selci
Cavour
Largo Corrado Ricci
Via del Fagutale
Via delle Sette Sale
Viale del Monte Oppio
Parco del Colle Oppio
Parco di Traiano
Largo Leopardi
Via Mecenate
Via Angelo Poliziano
Via Merulana
Via Buonarroti
Via Ferruccio
Via Machiavelli
Via Alfieri
Palazzi Podesti a Piazza Vittorio Emanuele II
Vittorio Emanuele
Via Principe Eugenio
Via Bixio
Via Cairoli
Via Galilei
Via Tasso
Manzoni
Via San Quintino
Via Statilia
Via Balilla
Via di Porta Maggiore
Via Luigi Luzzatti
S. Bibiana
Teatro Ambra Jovinelli
Termini Laziali
Via Principe Amedeo
Via Carlo Alberto
Via Napoleone III
Via Gioberti
Stazione Termini
Roma Termini
Giardino dell'Acquario Romano
Via Marsala
Viale Pretoriano
Viale di Porta Tiburtina
Via Tiburtina
Via dei Tizi
Via dei Corsi
Via di Porta Labicana
Via Taurini
Piazza di Santa Francesca Romana
Via Sacra
Colosseo
Piazza del Colosseo
Viale della Domus Aurea
Via Labicana
Via Ruggero Bonghi
Via di San Giovanni in Laterano
Via Capo d'Africa
Via Marco Aurelio
Via Cellimontana
Via Annia
Via Claudia
Via dei Santi Quattro
Via Matteo Boiardo
Via di Santo Stefano Rotondo
Piazza dei Santi Giovanni e Paolo
Chiesa dei Santi Andrea e Gregorio al Monte
Via di San Gregorio
Via di San Gregorio
Colle Palatino
Via di San Teodoro
Piazza di Sant'Anastasia
Via dei Cerchi
Arcate severiane
Belvedere Romolo e Remo
Piazza di San Giovanni in Laterano
Via Ludovico di Savoia
Via Umberto Biancamano
Viale Carlo Felice
Viale Luciano Lama
Viale Castrense
Via La Spezia
San Giovanni
1
2
3
4
5
6
7
8
9

Monti: Nicht mehr so billig aber immer noch cool

1 Alimentari Pannella Carmela | €
Via dei Fienili, 61, 00186 Rom
Sandwichladen mit guter Bedienung
Mo 8–14:30 | 17–20:00 | Sa 8:00-14:30 | So geschlossen

2 Ristorante Due Colonne | €-€€
Via dei Serpenti, 91, 00184 Rom
typische römische & italienische Küche
Mo-Sa 12:00-15:30 | 19:00-23:30

3 Trattoria Ristorante Il Girasole | €-€€
Via del Boschetto, 28, 00141 Rom
tägl. 12-15:00 | 18-23:00 | Di geschlossen
www.trattoriamontiilgirasole.it

4 Hostaria al Boschetto | €€
Via del Boschetto, 30, 00184 Rom
römische Gerichte in einem gastlichen Speiselokal mit gemütlichem Innenhof
täglich 12-15:00 | 18-23:00

5 Non c'è trippa pe' gatti | €
Via Urbana, 114, 00184 Rom
günstige Salate, Pizza & Pasta
11:30-23:30 | +39 06 488 2267
www.noncetrippapegatti.it

6 Gelateria Fassi
Via Principe Eugenio, 65, 00185 Rom
Mo-Do 12-21:00| Fr/Sa 12-24:00
So 10-21:00 | gelateriafassi.com

7 Alice Pizza Merulana
Via Merulana, 232, 00185 Rom
täglich 10-22:00

8 Li Rioni to Santiquattro | €
Via dei Santi Quattro, 24, 00184 Rom
römische Pizza mit dünnem Boden
täglich 19-24:00 | Di geschlossen
www.lirioni.it

9 pinsa e buoi dei...San Giovanni | €€
Viale Carlo Felice, 51/53, 00185 Rom
täglich 12-15:30, 18:30–23:30

5. Mercato Nuovo Esquilino
Lebensmittelmarkt.
Via Principe Amedeo, 184, 00185 Rom
Mo-Sa 5-17:00 | So geschlossen

8. Mercato Campagna Amica
Lebensmittel aus der Umgebung von Rom mit kleinem Innenhof und leckeren frischen Kleinigkeiten
Via di S. Teodoro, 74 | Sa + So 8-15:00

1 Simply Market
Via dei Laterani, 39, 00184 Rom
Geöffnet: 7:00-0:00

2 Carrefour Express
Via dei Santi Quattro, 53, 00184 Rom
Geöffnet: 24h geöffnet

3 Supermercato Carrefour Express
Via Labicana, 86, 00184 Roma RM, Italien
täglich 7-22:00

4 Supermercato Carrefour Express
Viale Manzoni, 26, 00185 Rom
täglich 7-22:00

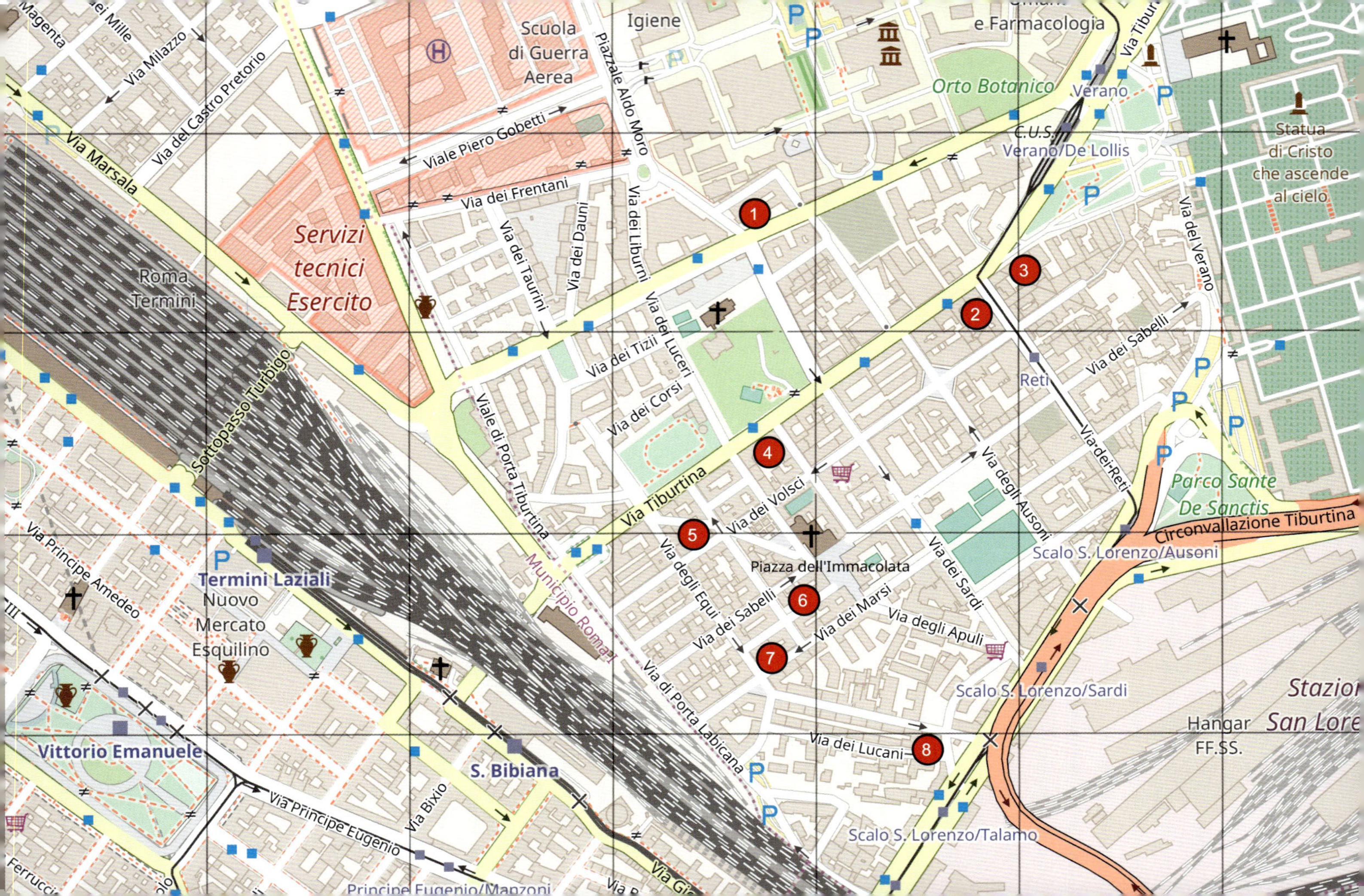

Igiene
Scuola
di Guerra
Aerea
e Farmacologia
Orto Botanico
Verano
C.U.S.
Verano/De Lollis
Statua
di Cristo
che ascende
al cielo
Via Milazzo
Via del Castro Pretorio
Via Marsala
Viale Piero Gobetti
Piazzale Aldo Moro
Via dei Frentani
Servizi
tecnici
Esercito
Roma
Termini
Via dei Taurini
Via dei Dauni
Via dei Liburni
Via dei Luceri
Via dei Tizii
Via dei Corsi
Viale di Porta Tiburtina
Via Tiburtina
Sottopasso Turbigo
Via del Verano
Via dei Sabelli
Reti
Via dei Reti
Via degli Ausoni
Parco Sante
De Sanctis
Circonvallazione Tiburtina
Scalo S. Lorenzo/Ausoni
Via dei Volsci
Piazza dell'Immacolata
Via degli Equi
Via dei Marsi
Via dei Sardi
Via degli Apuli
Scalo S. Lorenzo/Sardi
Hangar
FF.SS.
Via dei Lucani
Scalo S. Lorenzo/Talamo
Municipio Roma I
Via di Porta Labicana
Via Principe Amedeo
Termini Laziali
Nuovo
Mercato
Esquilino
Vittorio Emanuele
S. Bibiana
Via Bixio
Via Principe Eugenio
1
2
3
4
5
6
7
8

San Lorenzo: Studentenviertel: meist gut, immer günstig

1 Pizzeria La Casetta | €
Via dei Marrucini, 52, 00185 Rom
Pizza, Pasta, Essen ist ok
täglich 12:30–15:30 | 19:00–23:30
So geschlossen

2 Il Podista | €
Via Tiburtina, 224, 00185 Rom
sehr gut + günstig
täglich 18:30–24:00 | Mo geschlossen

3 La Pantera Rosa | €-€€
Piazzale del Verano, 84, 00185 Rom
täglich 12-16:00 | 18-00:30

5 Pizzeria Formula 1 | €
Via degli Equi, 13, 00185 Rom
Pizza, gut aber einfach
Mo-Sa 18:30–00:30 | So geschlossen

4 Osteria Dei Colli Emiliani | €
Via Tiburtina, 70, 00185 Rom
gute römische Küche, keine Pizza
Mo-Sa 12-15:00 | 19:30-22:45
www.colliemiliani.com

7 Farinè la Pizza | €
Via degli Aurunci, 6, 00185 Rom
Mi-So 19-23:00 | Mo+Di geschlossen

6 Sanlollo | €-€€
Via dei Latini, 57, 00185 Rom
täglich 17-24:00

8 Trattoria da Silvan | €
Largo Eduardo Talamo, 6, 00185 Rom
gut & günstig; keine Pizza
Mo-Fr 8-15:30 | 18-24:00
Sa+So geschlossen

Außerhalb der Karte: L'Arrosticinaro | €
Via della Lega Lombarda, 54, 00162 Rom
sehr gut und günstig, keine Pizza
täglich 19:30–02:00

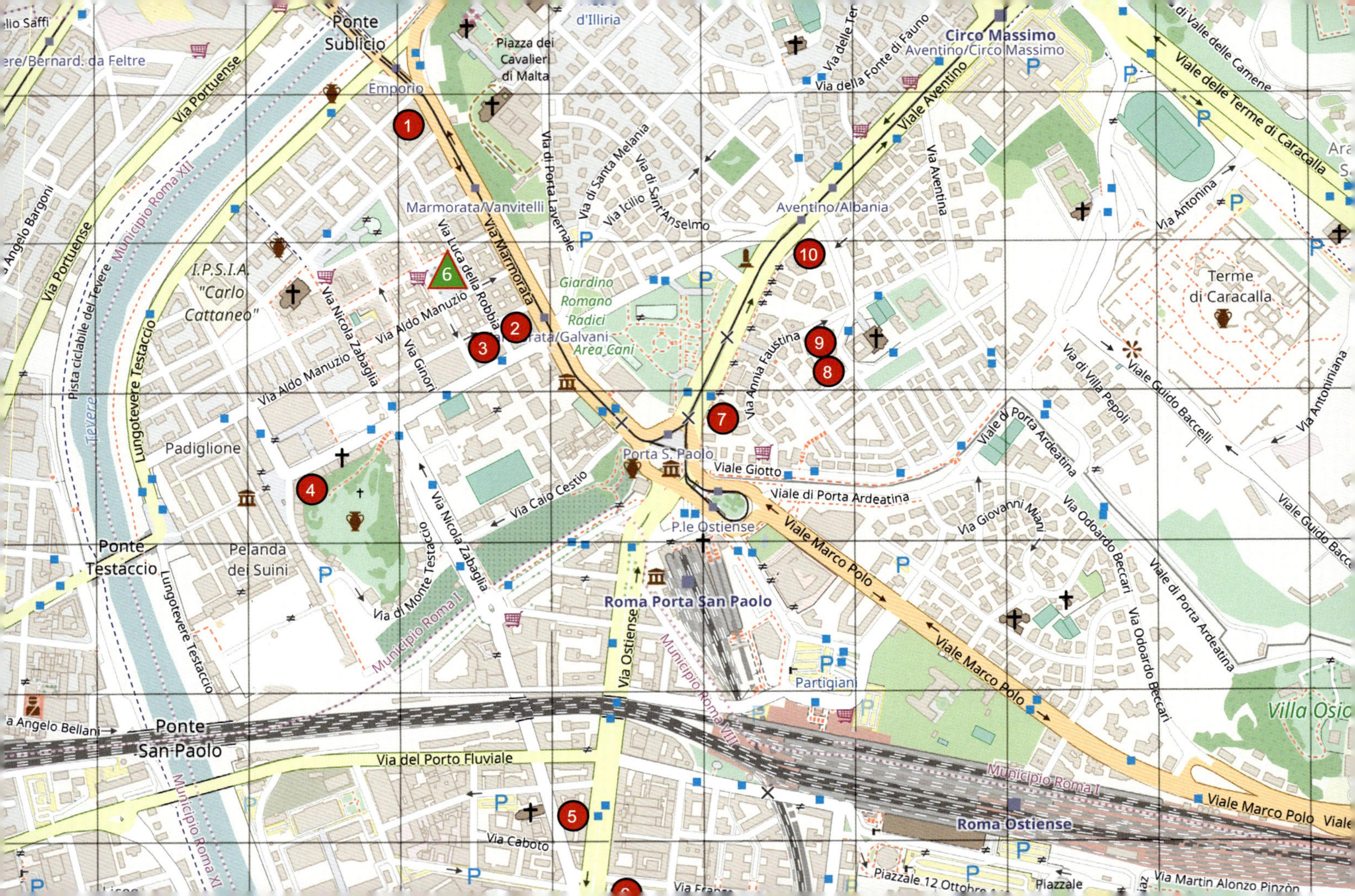

Ponte Sublicio
Piazza dei Cavalieri di Malta
d'Illiria
Circo Massimo
Aventino/Circo Massimo
Viale delle Terme di Caracalla
Via di Valle delle Camene
Via della Fonte di Fauno
Viale Aventino
Via Aventina
Emporio
Via Portuense
Via Angelo Bargoni
Municipio Roma XII
Pista ciclabile del Tevere
Tevere
Lungotevere Testaccio
Marmorata/Vanvitelli
Via Marmorata
Via di Porta Lavernale
Via di Santa Melania
Via Icilio
Via di Sant'Anselmo
Aventino/Albania
Via Antonina
Terme di Caracalla
I.P.S.I.A. "Carlo Cattaneo"
Via Nicola Zabaglia
Via Aldo Manuzio
Via Luca della Robbia
Via Ginori
Marmorata/Galvani
Giardino Romano Radici
Area Cani
Via Annia Faustina
Via di Villa Pepoli
Viale Guido Baccelli
Via Antoniniana
Viale di Porta Ardeatina
Padiglione
Porta S. Paolo
Viale Giotto
Via Caio Cestio
Via Giovanni Miani
Via Odoardo Beccari
Viale Odoardo Beccari
P.le Ostiense
Viale Marco Polo
Ponte Testaccio
Pelanda dei Suini
Via di Monte Testaccio
Municipio Roma I
Roma Porta San Paolo
Via Ostiense
Municipio Roma VIII
Partigiani
Villa Osio
Via Angelo Bellani
Ponte San Paolo
Via del Porto Fluviale
Municipio Roma XI
Via Caboto
Roma Ostiense
Piazzale 12 Ottobre
Via Martin Alonzo Pinzòn
1
2
3
4
5
6
7
8
9
10

Piramide: Im ehemaligen Arbeiterviertel Ostiense lassen sich Perlen finden ...

1 Nuovo Mondo | €
Via Amerigo Vespucci, 9/12/15, Rom
sehr gut + günstig
Di-So 19-00:30 | Mo geschlossen

2 Trattoria Perilli | €€
Via Marmorata, 39, 00153 Rom
Pasta und klassische römische Gerichte
Di-Sa 12:30-15:00 | 19:30-23:15
So 12:30-15:15 | Mo geschlossen

3 Felice a Testaccio | €-€€
Via Mastro Giorgio, 29, 00153 Rom
viele Römer, Pasta, römische Küche
täglich 12:30–15:00 | 19-23:00
www.feliceatestaccio.it

4 Ristorante Pecorino | €-€€
Via Galvani, 64, 00153 Rom
römische Küche, keine Pizza
täglich 12:30–14:30 | 19:30–23:00 |
Mo geschlossen
www.ristorantepecorino.it

5 Pizzeria Ostiense | €
Via Ostiense, 56, 00154 Rom
Sehr gut + günstig
täglich 18:30–01:00 | Di geschlossen
www.pizzeriaostiense.it

6 Queen Makeda Grand Pub | €€
Via Francesco Negri, 9, 00154 Rom
Di-Do 18:30-24:00 | Fr 18:30-01:00
Sa/So 12:30-15:30 | 18:30-24:00
Mo geschlossen | www.queenmakeda.it

7 Taverna Cestia | €-€€
Viale della Piramide Cestia, 71, Rom
römische Küche und Pizza
Di-Sa 12:30–15:00 | 19:30–23:00
So 12:-15:00 | 19:30-22:15
Mo geschlossen
http://tavernacestia.com

8 Ristorante e Pinseria Saba | €€
Via di S. Saba, 32, 00153 Rom
Di-So 7-24:00 | Mo 15-24:00

9 Angeli E Diavoli | €-€€
Via di S. Saba, 28, 00153 Rom
Mo-Fr 9-21:00 | Sa 17-21:00
So geschlossen

10 Da Franco All'Aventino | €
Piazza Albania, 7, 00153 Rom
kleines typisch römisches Restaurant, für
ca. 10-12 Pers. Geeignet
täglich 10-1:00

6. Mercato di Testaccio
Via Aldo Manuzio, 66b, 00153 Rom
Lebensmittelmarkt | Mo-Sa 7-14:30

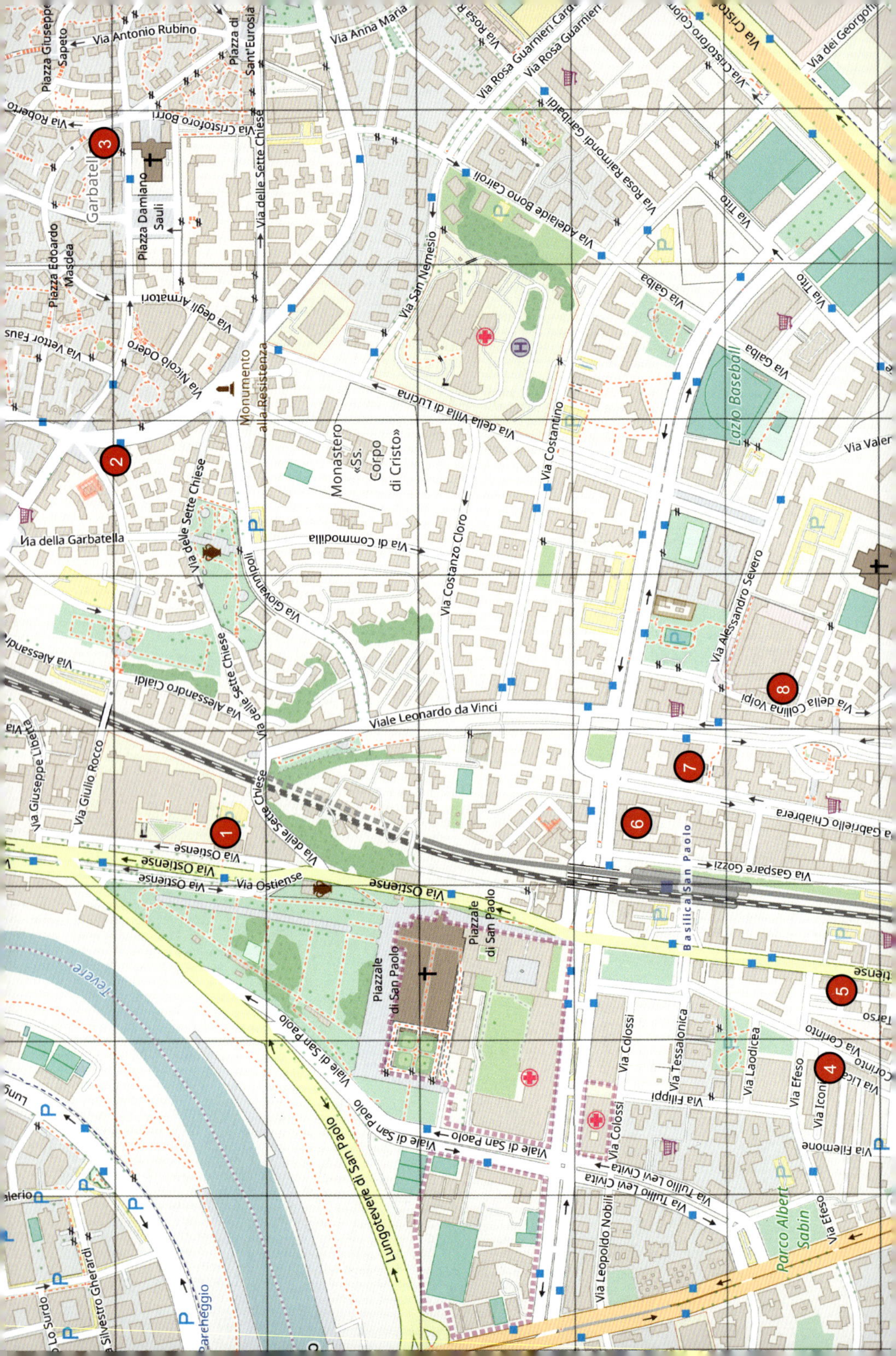

Via Antonio Rubino
Via Anna Maria
Piazza Giuseppe Sapeto
Piazza di Sant'Eurosia
Via Cristoforo Borri
Via delle Sette Chiese
Garbatella
Piazza Damiano Sauli
Piazza Edoardo Masdea
Via degli Armatori
Via Nicolò Odero
Via Vettor Fausto
Monumento alla Resistenza
Via della Garbatella
Via Giovannipoli
Via Alessandro Cialdi
Via Giuseppe Libetta
Via Giulio Rocco
Via Ostiense
Tevere
Viale di San Paolo
Lungotevere di San Paolo
Via Silvestro Gherardi
Parcheggio
Monastero «Ss. Corpo di Cristo»
Via della Villa di Lucina
Via di Commodilla
Via Costanzo Cloro
Via San Nemesio
Via Adelaide Bono Cairoli
Via Rosa Raimondi Garibaldi
Via Rosa Guarnieri Carducci
Via Costantino
Viale Leonardo da Vinci
Piazzale di San Paolo
Basilica San Paolo
Via Gaspare Gozzi
Via Gabriello Chiabrera
Via della Villa di Lucina
Via Alessandro Severo
Via della Collina Volpi
Lazio Baseball
Via Galba
Via Tito
Via Cristoforo Colombo
Via dei Georgofili
Via Valeriano
Via Colossi
Via Tessalonica
Via Laodicea
Via Filippi
Via Efeso
Via Iconio
Via Corinto
Via Tarso
Via Filemone
Via Tullio Levi Civita
Via Leopoldo Nobili
Parco Alberto Sabin

San Paolo fuori le mura: Ein wenig ab vom Schuss aber gut und günstig

1 Trattoria Zampagna | €€
Via Ostiense, 179, 00154 Rom
Pasta & Fleisch
So/Mo 12-15:30
Di-Sa 12-15:30 | 19-23:00

2 Er Panonto | €
Via Enrico Cravero, 10, 00145 Rom
gut + günstig | täglich 19-23:00

3 I Tre Fratelli | €
Piazza Giovanni da Triora, 2, Rom
täglich 12-15:00 | 19-23:00
Mi geschlossen

4 La Mansarda | €-€€
Via Corinto, 72, 00146 Rom
Pizza & Pasta | Mo geschlossen
Di-So 10:30-15:00 | 19:30-24:00

5 Al Peperoncino | €-€€
Via Ostiense, 369/375, 00146 Rom
Steak + Pizza; gute Preise
Mo-Sa 12-15:30 | 19-00:30
So geschlossen | www.alpeperoncino.net

6 Alice Giustiniano Imperatore | €€
Viale Giustiniano Imperatore, 36, Rom
Pizza-Imbis | täglich 10-23:30

7 Alice Pizza
Via Gabriello Chiabrera, 17/19, Rom
Pizza-Imbis | täglich 9-23:00

8 Burro & Sugo | €
Via Elvio Pertinace, 1, 00145 Rom
Di-So 12-15:00, 19-24:00
Mo geschlossen | www.burroesugo.com

Außerhalb der Karte:
All‘ Antica Torretta | €-€€
Via Cristoforo Colombo, 132, 00154 Rom
große Trattoria; gutes Essen
Mo-Sa 12:30-15:00 | 19:30-23:00
So geschlossen
https://allantica-torretta.business.site/

Bistrot 36 Garbatella Pizzeria | €
Via Leopoldo Traversi, 17, 00154 Rom
So geschlossen | Mo-Mi 12:30–16:00 |
Do-Fr 12:30–15:00 | 19:30-22:30
Sa 19:30-23:00

Restaurants Nähe der Villen nordöstlich des Centro Storico

Villa Ada / Villa Borghese

Mattarello Parioli | €-€€
Viale Liegi, 64, 00198 Rom
Pizza, Fettucine | täglich 12-24:00
www.mattarello.net

Ristorante Fiore di Zucca | €€
Via Gaetano Donizetti, 16, 00198 Rom
Pinsa (römisches Gericht)
täglich 12:30–15:00 | 19:30–24:00
So 13-14:30| 20-24:00

Ristorante Mangiafuoco | €-€€
Via Chiana 37, 00198 Rom
glutenfreies Restaurant, Pizza und Pasta sind gut zu fairen Preisen
täglich 12:30–15:00 | 19:30–00:00
www.mangiafuoco.org

Taverna Rossini | €-€€
Viale Gioacchino Rossini, 54, 00198 Rom
täglich 12-24:00
www.tavernarossini.it

Nähe Gondar & Conca Dóro

L'Hostaria | €-€€
Via Tripolitania, 82, 00199 Rom
einfache Osteria, Pizza & römische Küche
Di-Sa 12:45-15:00 | 19:45-23:00
So 12:45-15:00 | Mo geschlossen

Stella Gemella
Via Felice Anerio, 12, 00199 Rom
Pizza ‚alta' oder ‚basse' (dicker / dünner Teig) | Di-So 19-24:00 | Mo geschlossen

Nähe Villa Gloria

La Pariolina | €€
Viale dei Parioli, 93, 00197 Rom
viele römische Gäste; vorher reservieren!
Mo-Fr 12:30-15:00 | 19-01:00
Sa/So 12:30-16:00 | 19-01:00
www.lapariolina.it

Sasà Paninoteca | €
Viale dei Parioli, 196/C, 00197 Rom
Super Sandwichs zu super Preisen
Sa-Do 12-16:00 | 19-24:00 | Fr 12-16:00

Gelato

Wo genau der Ursprung unseres heutigen Speiseeises liegt, weiß eigentlich niemand. Verschiedene Theorien verweisen auf China oder den islamischen Raum. Für die Italiener liegt der Ursprung selbstverständlich in Italien, genauer in Sizilien. Bereits im 9. Jahrhundert will man dort einen Vorläufer unseres heutigen Speiseeises gemischt haben, aus Früchten, Milch und Honig.

In Rom gibt es wahrscheinlich mehr Eisdielen als Kirchen, die alle sehr gutes Eis machen. Unsere Lieblingseisdielen findet ihr bei den Restaurant-Tipps.

Ein ganz praktischer Tipp:

In Italien muss man zuerst an die Kasse gehen und sagen, was man möchte, entweder in Kugeln ‚bolli' (uno, due, tre) oder in Portionsgröße (piccolo, medio, grande), dann bezahlen und mit dem Bon, dem scontrino, anschließend sein Eis holen.

Praktische Tipps

Unterwegs in Rom

Jede Großstadt hat für Touristen ihre eigenen Herausforderungen - so auch Rom. Diese Informationen und Tipps bieten Orientierung und erleichtern euch den Aufenthalt.

ATAC - der öffentliche Nahverkehr

Mit Bus, Tram und Metro ist man in Rom günstig und relativ schnell unterwegs. Das Verkehrsnetz von Rom teilt sich in zwei Zonen. Die Innenstadtzone umfasst den größten Teil des römischen Verkehrsnetzes und reicht bis an den Lido di Ostia. Die Stationen, ab denen die zweite Zone beginnt, sind auf den Plänen rot gekennzeichnet.

Als Tourist reicht in der Regel der Fahrschein für die Innenstadtzone. Der Flughafen liegt nicht in der Innenstadtzone (ab Fiera di Roma beginnt Zone 2).

Verbindungen vom Flughafen in die Innenstadt:
Shuttlebus ab 7,-€ pro Person
Regionalzug FL1 Ostiene - Fiumicino
alle 15 min, Dauer 32 min, 8,-€
Leonardo-Express Fiumicino - Termini
alle 15-30 min, Dauer 32 min, 17,90€

Kauf der ATAC-Tickets
Die Tickets kann man an den Automaten der Metrostationen, in Bahnhöfen oder Tabakgeschäften ‚Tabacchi' kaufen. An den größeren Bahnhöfen gibt es auch Fahrkartenautomaten. Mittlerweile gibt es auch die Möglichkeit, Tickets online zu kaufen. Mehr dazu unter:

www.atac.roma.it/en/tickets-and-passes

Übersicht Tickets

- BIT - Einzelfahrschein, (€ 1,50) gültig 100 min mit allen Bus & Trambahnen + 1x Metro
- ROMA 24H - TICKET (€ 7,00)
- ROMA 48H - TICKET (€ 12,50)
- ROMA 72H - TICKET (€ 18,00)
- CIS - Wochenticket (€ 24,00)

Kinder unter 10 Jahren reisen kostenlos mit einem bezahlenden Erwachsenen mit.

Achtung!
In den Sommermonaten wurde wegen der hohen Schadstoffbelastung bisher der Betrieb gegen 21:00 Uhr eingestellt.

Vergünstigungen
Wie in den meisten Großstädten gibt es auch in Rom Touristentickets, die neben dem Nahverkehr auch kostenlosen Eintritt zu vielen Sehenswürdigkeiten beinhalten. Nachdem Jugendliche unter 18 Jahren häufig kostenlosen Eintritt haben und auch Jugendliche unter 25 Jahren viele Vergünstigungen erhalten, lohnen sich diese Tickets in der Regel nicht.

Unterwegs mit der Metro
Das Metro-Netzwerk in Rom ist sehr einfach: Seit 2015 die Linie C eröffnet wurde, gibt es in Rom 3 Metrolinien, die zu Spitzenzeiten im 3-4 Minutentakt, sonst im 8-10 Minutentakt fahren. Am Bahnsteig sieht man auf der Anzeige, wann der nächste Zug kommt. Die Linien A und B kreuzen sich am Termini.

Offiziell fährt die Metro von 5:30 - 23:30, Freitag + Samstag bis 0:30 Uhr.

Unterwegs mit dem Bus
Auf den Infotafeln an den Bushaltestellen wird die Abfahrtszeit des Busses an der Start-Haltestelle angezeigt und die Zeit, die der Bus zu den Haltestellen braucht.

Außerdem sollte man genau nachsehen, an welchen Tagen der Bus fährt. Es gibt einige Buslinien, die nur an bestimmten Tagen oder zu eingeschränkten Zeiten bedient werden.

Mittlerweile gibt es auch viele digitale Anzeigen, wann der nächste Bus ankommt. Dies sind jedoch nur ungefähre Angaben, es reicht ein kleiner Stau, und der Bus kommt deutlich später als angegeben. Insgesamt empfiehlt es sich, genug Zeit einzuplanen, um entspannt an sein Ziel zu kommen.

Wenn ihr zu touristischen Hotspots unterwegs seid, solltet ihr zum einen mit vollen Bussen und Bahnen rechnen - und vor allem auch mit Taschendieben. Diese nutzen das große Gedränge, um Portemonnaies , Fotoapparate, Handys etc. zu stehlen. Das Portemonnaie und Wertgegenstände solltet ihr im schwer zugänglichen Bereich im Rucksack verstauen und nicht in der Hosentasche mitnehmen und den Rucksack während der Fahrt vor der Brust tragen.

Stadtplan oder Google-Maps

Wenn wir in Rom zu Fuß unterwegs sind, haben wir in der Regel immer einen Stadtplan dabei. Durch die engen Straßen mit den hohen Häusern kommt das Handy-Navi schnell an seine Grenzen. Daher haben wir die Touren in diesem Reiseführer mit sehr detaillierten Karten ausgestattet. Zum einen habt ihr dann alles, was ihr braucht, in einer Hand, andererseits seht ihr in der Karte, auf welche Straßen ihr ausweichen könnt, wenn der direkte Weg voll Menschen ist. Oftmals ist schon eine Nebenstraße weiter deutlich weniger los.

Bei der Suche nach der richtigen Haltestelle ist die Google-Maps jedoch eine große Hilfe: Google zeigt genau, wo der entsprechende Bus in die Richtung, in die man fahren möchte, abführt. Gerade bei großen Plätzen wie der Piazza Venezia, dem Largo Torre Argentina oder auch um die Bahnhöfe herum ist das nicht zu unterschätzen, da die verschiedenen Haltestellen sich auf eine große Fläche verteilen.

Öffnungszeiten & Eintrittskarten

Wenn man durch Rom läuft, merkt man, dass Overtourism Realität ist. Um die Touristenmassen bewältigen zu können, werden an Hotspots wie dem Forum Romanum und dem Kolosseum die Größe der Besuchergruppen beschränkt (ab 6 Personen ist man eine Gruppe, maximale Gruppengröße 25 Personen), und es müssen Timeslots gebucht werden.

Wer die Warteschlangen umgehen will, kann bereits im Vorfeld Tickets buchen und den Timeslot direkt dazu buchen. In den gelben Infokästen zu den Touren findet ihr den Link zu dem Buchungsportal der jeweiligen Sehenswürdigkeit. Dort könnt ihr die Tickets zu den günstigen Konditionen kaufen (unter 18 oft kostenlos, zwischen 18-25 zahlt man den vergünstigten Preis).

Zunehmend wird außerdem der Gebrauch eines Funkführungssystems Pflicht. Diese könnt ihr jedoch bei verschiedenen Anbietern relativ günstig ausleihen.

Habt euren Personalausweis und Schüler-/ Studentenausweis griffbereit!

Schulklassen & kirchliche Gruppen

Wenn ihr als Schulklasse in Rom seid, solltet ihr ein offizielles Schreiben eurer Schule dabei haben, das euch als Schulklasse ausweist.

Als Gruppe einer Kirchengemeinde oder eines Bistums solltet ihr ein Schreiben der Pfarrei oder des Bischofs dabei haben, das auch als entsprechende Gruppe ausweist.

Darüber hinaus solltet ihr eine Namensliste dabei haben, auf der das Alter ersichtlich ist. Beides erleichtert den Ticketkauf und ermöglicht euch gegebenenfalls vergünstigte Eintritte.

Gesund und sicher durch Rom: Praktische Tipps

Wenn einer eine Reise tut - dann bringt er hoffentlich viele schöne Erinnerungen mit nach Hause. Hier ein paar Tipps, Hinweise und Adressen, die im Notfall helfen.

Kopfbedeckung

Besonders im Sommer ist es in Rom heiß und die Sonne brennt auf die Stadt herab. Natürlich wollt ihr auf eurer Reise viel erleben. Um einem Sonnenbrand oder schlimmeren vorzubeugen, solltet ihr einen Sonnenhut oder ein Cap nicht nur im Gepäck haben, sondern auch aufsetzen. Plant außerdem genug Erholungspausen im Schatten ein.

Kleidungs-Knigge und was man nicht dabei haben sollte:

In den letzten Jahren haben sich die Vorschriften für den Besuch von touristischen Hotspots zunehmend verschärft. An vielen Orten - nicht nur dem Vatikan - gibt es Sicherheitskontrollen. Dort herrschen ähnliche Bestimmungen wie an europäischen Flughäfen. Ihr solltet also keine Glasflaschen, Spraydosen, Waffen, Messer etc. dabei haben.

Bei Besuchen des Petersdoms wie auch einiger anderer Kirchen solltet ihr außerdem lange Hosen oder Röcke, die über das Knie reichen sowie Schultern bedeckende Shirts tragen.

Mücken

Mücken sind überall eine Plage, aber bei zum Teil über 30°C im Schatten werden aus Mückenstichen schnell unangenehme Entzündungen. Bei Besuchen in Parks solltet ihr daher entweder etwas zur Mückenabwehr dabei haben oder lange Hosen und langärmlige Shirts tragen. Außerdem empfiehlt es sich, entsprechendes Gel dabei zu haben, solltet ihr gestochen werden.

Sollte sich dennoch ein Mückenstich oder ein anderer Insektenstich entzünden, geht in eine Apotheke, dort wird euch geholfen.

Trinken & Essen

In der Gruppe unterwegs zu sein lässt einen manches vernachlässigen. Achtet aber darauf, dass ihr regelmäßig etwas trinkt (besonders wenn es heiß ist) und esst ab und zu auch mal Obst und Gemüse - neben all der Pizza, die in Rom omnipräsent ist. Wie bereits mehrfach erwähnt, gibt es in Rom jede Menge Trinkwasserbrunnen, an denen ihr kostenlos eure Flaschen auffüllen könnt.

Toiletten

Wenn man den ganzen Tag unterwegs ist, sollte man gut auf seinen Körper hören und entsprechende Pausen - auch Toilettenpausen - einplanen. Das ist besonders bei größeren Gruppen wichtig, da sonst nach kurzer Zeit gesundheitliche Probleme auftreten.

Rom ist hier relativ gut gerüstet. In den meisten größeren Kirchen - an den touristischen Hotspots wie den Hauptkirchen, Museen und archäologischen Stätten ohnehin - gibt es relativ gepflegte Toilettenanlagen, in der Regel auch kostenlos.

Die beste sanitäre Situation gibt es im Vatikan. Toiletten findet ihr sowohl am Petersplatz rechts hinter dem Postamt, im Servicecenter vor dem Eingang zum Petersdom sowie links nach dem Ausgang vom Petersdom. Weitere gibt es auf der Terrasse bei der Kuppel.

Öffentliche Toiletten der Gemeinde Rom befinden sich beim Kolosseum, beim Pincio, bei der Engelsburg, bei Piazza Risorgimento, bei Via di Ripetta, bei Piazza Garibaldi und bei der Basilika San Paolo.

Bahnhof Termini: Die Toiletten befinden sich im Untergeschoss auf der Seite der Via Giolitti. Sie sind von 6-23 Uhr geöffnet.

Sicherheit

In den letzten Jahren hat die Zahl der Diebstähle rasant zugenommen. Passt daher gut auf euer Gepäck und euer Portemonnaie auf. Ratet euren Teilnehmer*innen, nur das an Bargeld mitzunehmen, das sie am Tag brauchen. Das Portemonnaie – ohne Bankkarte und Papiere – sollte im Rucksack und nicht in der Hosentasche mitgenommen werden. An Orten, an denen viele Menschen sind wie Plätze bei Sehenswürdigkeiten, Bussen oder Metro, sollte der Rucksack vorne getragen werden.

Bettler

Es klingt hart, aber die meisten Bettler:innen gehören zu organisierten, halbkriminellen Gruppen. Sie treten selten alleine auf und ihr Ziel ist nicht eine kleine Spende, sondern eure Geldbörse. Bei allem Mitleid also: Vorsicht!

TOURIST MEDICAL SERVICE

(medizinischer Dienst für Touristen bei nicht akuten Notfällen)

- Ospedale Nuovo Regina Margherita
  Via Morosini, 30 | +39 06 5844 6548
- Poliambulatorio Canova
  Via Antonio Canova, 19
  +39 06 7730 6108 | www.salutelazio.it

Notrufnummer

Rettungs-Notruf Nummer 118
Es funktioniert auch der Euro-Notruf 112.

Deutschsprachige Ärzte

Die deutsche Botschaft in Rom hat auf ihrer Homepage bei „Service“ unter „A“ deutschsprachige Ärzte in Rom aufgelistet: https://italien.diplo.de/it-de

Apotheken, die 24 Stunden offen haben

- Farmacia Igea snc
  Largo Cervinia, 23 (Monte Mario)
- Farmacia Cipro Sas Del
  Dr. Tito Maria Serraino & Co
  Viale degli Ammiragli, 52 (Vatican)
- Farmacia Piram | Via Nazionale, 228
- Farmacia Internazionale
  Piazza Barberini, 49 (Veneto/Barberini)

Deutsche Botschaft

Es wird selten wirklich notwendig sein - normalerweise seid ihr bei der Polizia oder den überregional agierenden Carabinieri in den besten Händen. Solltet ihr wirklich ein ernsthaftes Problem haben, wendet euch an die deutsche Botschaft in Rom, ihr erreicht sie unter der Telefonnummer +39.06.49.213-1. Außerhalb der offiziellen Dienstzeiten Montag-Freitag von 8.30 bis 11.30 Uhr sowie an Feiertagen und in dringenden Notfällen erreicht ihr den Bereitschaftsdienst der deutschen Botschaft unter der Nummer +39.335.79.04.170.

Rom für Rollstuhlfahrer und Menschen mit Gehbehinderung

Grundsätzlich ist eine Reise nach Rom mit dem Rollstuhl kein Problem. Man kann viele Sehenswürdigkeiten besichtigen, dennoch sollte man einiges beachten:

Die meisten Straßen sind aus Kopfsteinpflaster, was das Vorankommen teilweise erschwert. Da die Abstände zwischen den Steinen oft groß sind, kann es passieren, dass sich die kleinen Räder querstellen.

Gehwege können sehr schmal sein, so dass man auf die Straße ausweichen muss, was nicht immer ungefährlich ist.

Man sollte sich im Voraus informieren, ob und inwieweit die Sehenswürdigkeiten rollstuhlgerecht sind. Es lohnt sich, die Gruppe vorher anzumelden, damit Vorbereitungen getroffen werden können.

Nützliche Adressen:

Ufficio handicap del Dipartimento V
Viale Manzoni 16 | +39/06-67105387
www.trambus.com/serviziturististici.htm

Unterwegs mit dem Bus

Viele Busse haben eine behindertengerechte Ausstattung. Jedoch ist die Fahrt mit diesen oft recht problematisch, da sie zu den Stoßzeiten überfüllt sind.

Die Buslinie 590 von der Piazza Cinecittà bis zur Via C. A. Dalla Chiesa, die entlang der Metrolinie A verläuft, ist behindertengerecht.

Außerdem können Rollstuhlfahrer von 7.00 – 22.00 Uhr einen zusätzlichen Bus buchen. Nähere Informationen und Buchung: Mo-Fr 6.30 – 17.30 Uhr | +39/06-70305248 oder +39/06-70305111

METROPOLITANA

Von der Metrolinie A sind folgende Stationen behindertengerecht:

- Battistini
- Cornelia
- Baldo degli Ubaldi
- Valle Aurelia
- Cipro – Musei Vaticani
- Termini
- Re di Roma
- Ponte Lungo
- Furio Camillo
- Subaugusta

Die Metrolinie B ist außer an den Haltestellen Cavour, Colosseo und Circo Massimo für Rollstuhlfahrer geeignet.

Rechtliche Informationen für Reisen mit Jugendlichen in Italien

Für Kinder oder Jugendlicher, die das 18. Lebensjahr noch nicht vollendet haben,gilt in Italien der italienische Jugendschutz. Als Gruppenverantwortliche/r sollten Sie diese Regeln klar kommunizieren und im Rahmen Ihrer Möglichkeiten für ihre Einhaltung sorgen.

Aufenthalt an öffentlichen Plätzen
in Straßen, Parks etc. ist Kindern und Jugendlichen auch ohne Anwesenheit der Bezugspersonen entsprechend dem Grad der Selbstständigkeit erlaubt. Die Haftung trägt jedoch, auch bei Nichtanwesenheit, die erwachsene Bezugsperson.

Aufenthalt in Gaststätten
ist Kindern und Jugendlichen auch unbegleitet erlaubt. In der Regel machen öffentliche Lokale, zu denen Minderjährige keinen Zutritt haben, auf das Verbot am Eingang deutlich sichtbar.

Besuch von Discos
ist Jugendlichen unter 16 Jahren nur in Begleitung von Erwachsenen gestattet.

Besuch von Spielhallen/Spielsälen
ist Jugendlichen < 18 Jahren verboten.

Der Besuch von Spielsäle mit Videospielen für Jugendliche ist ab 14 Jahren unter Berücksichtigung der Regelung vor Ort erlaubt.

Besuch von Kinos
ist Jugendlichen gemäß den Altersfreigaben und den Begleitvorschriften der jeweiligen Filme erlaubt.

Weitergabe von Alkohol

An Jugendliche unter 16 Jahren
ist die Weitergabe von Bier, Wein und hochprozentigem Alkohol an verboten.

Wer erwischt wird, kann mit einer Geldbuße von 516-2.582,-€, die direkt zu entrichten ist, einem Gerichtsverfahren und einer Haftstrafe von 15-45 Tagen oder Sozialstunden rechnen.

An Jugendliche zwischen 16-18 Jahren
ist die Weitergabe von Bier, Wein und hochprozentigem Alkohol an ebenfalls verboten. Zum Essen darf jedoch in geringen Mengen Bier oder Wein ausgeschenkt werden.

Wer bei der Weitergabe von alkoholhaltigen Getränken an Minderjährige erwischt wird, kann mit einer Geldbuße von 250-1.000,-€ rechnen.

Verkauf von tabakhaltigen Erzeugnissen
an Jugendliche < 18 Jahren ist verboten.

Rauchen in der Öffentlichkeit
Seit Januar 2003 gilt in allen öffentlichen Gebäuden ein allgemeines Rauchverbot. Darüber hinaus ist das Rauchen Jugendlichen erst ab 18 Jahren erlaubt.

Sex mit und zwischen Jugendlichen
Rechtliche Informationen zum Thema sexuelle Beziehungen zwischen Jugendlichen in Italien sind nicht eindeutig. Hier ein paar generelle Hinweise:

Sex von Gruppenbetreuern
mit „Schutzbefohlenen" ist verboten.

Sex mit Jugendlichen unter 13 Jahren
ist immer verboten (Straftat).

Sex zwischen Jugendlichen 13-15 Jahre
mit unter 18 Jährigen ist verboten, wird jedoch nicht bestraft, wenn es in gegenseitigem Einvernehmen geschieht.

Sex zwischen Jugendlichen älter 16 Jahre
der einvernehmlich geschieht, ist erlaubt.

Weiterführende Literatur

Bücher über Rom und Italien gibt es wie Sand am Meer. Wir wollen hier bewusst keine Reiseführer empfehlen. Die Benutzung eines Reiseführers ist eine sehr persönliche Entscheidung, die man in der Buchhandlung mit dem Buch in der Hand treffen sollte. Hier findet ihr Buchtipps zu Geschichte und Literatur Italiens und natürlich zu den Italienern.

Wer sich ernsthaft mit der älteren Geschichte Roms befassen möchte wird um zwei Klassiker nicht umhinkommen:

Theodor Mommsens
Römische Geschichte
Theodor Mommsens Römische Geschichte (8 Bände, dtv) berichtet kundig und detailreich und gilt, wenn auch in vielem überholt, nicht zuletzt aufgrund seiner literarischen Qualität als Klassiker der Geschichtsschreibung.

Ferdinand Gregorovius
Geschichte der Stadt Rom im Mittelalter
Auch Ferdinand Gregorovius' Geschichte der Stadt Rom im Mittelalter (7 Bände, dtv) ist so ein Klassiker, der sich bisweilen liest wie ein Roman.

Friederike Hausmann
Kleine Geschichte Italiens von 1943 bis zur Ära nach Berlusconi
Wer sich mit der Geschichte Italiens in der Neuzeit beschäftigen will, dem sei Friederike Hausmanns Kleine Geschichte Italiens von 1943 bis zur Ära nach Berlusconi empfohlen. Es ist ein sachkundiges und gut lesbares Buch, das einen Schlüssel zum Verständnis des modernen Italien bietet.

Luigi Barzini
Die Italiener
Wer die Italiener näher kennenlernen will, sollte Luigi Barzinis Die Italiener lesen. Er beleuchtet seine Landsleute ebenso präzise wie augenzwinkernd Wer gut genug Englisch kann, sollte allerdings lieber zur englischen Version (The Italians) greifen.

Harald Keller
Die Kunstlandschaften Italiens
Literatur zu Kunst und Kunstgeschichte Italien füllt Bibliotheken. Harald Kellers Die Kunstlandschaften Italiens ist lesbar, für den inhaltlichen Umfang kompakt und passt gegebenenfalls sogar ins Reisegepäck. Persönlich schaue ich lieber vorher oder nachher hinein.

Italienische Reise
Wer einen ersten Einblick in die italienische Literatur gewinnen und gleichzeitig mehr über Italien (und natürlich Rom) erfahren möchte sollte sich die bei Wagenbach erschienene Italienische Reise besorgen (Quartheft Nr. 137), die Alice Vollenweider zusammengestellt hat.

Mehr zu Aquädukten und der Wasserversorgung im antiken Rom findet man in **Roman Aqueducts and Water Supply** von A. Trevor Hodge. Das Buch ist allerdings nicht auf Deutsch erschienen.

Und wer sich wundert wo wir die Karten des klassischen Roms gefunden haben wird bei Samuel Ball Platners **A Topographical Dictionary of Ancient Rome** fündig. Das Buch kann man allerdings nur noch antiquarisch erwerben.

Stichwortverzeichnis

Q

R

S

T

U

V

W

Z

Značka
odpovědného lesnictví

Wir bedanken uns ganz herzlich bei Peter Sachi für die Anregungen und bei Jeanette Nentwig, die sich als Korrektorin auf Fehlersuche begeben hat.

Bildnachweis

S. 8, 11, 21, 77 Samuel Ball Platners A Topographical Dictionary of Ancient Rome (1904)

S. 62 Von Seven_Hills_of_Rome.svg: Renata3Die_sieben_Hügel_Roms_de.png: Der ursprünglich hochladende Benutzer war Orangeowl in der Wikipedia auf Deutschderivative work: Burny (talk) - Seven_Hills_of_Rome.svgDie_sieben_Hügel_Roms_de.png, CC BY-SA 3.0, https://commons.wikimedia.org/w/index.php?curid=17577121

S. 16, 18, 25, 27, 30, 44, 52, 56, 59, 60, 68, 90, 106, 108, 110, 112, 114, 116, 118, 120, 122, 124, 126, 128 Copyright © 2018 MapOSMatic/OCitySMap developers.
Map data © 2018 OpenStreetMap contributors (see http://osm.org/copyright) Map styles: OpenStreetMap Carto standard style

Innenseite Buchumschlag Azienda Tranvie ed Autobus del Comune di Roma (ATAC)